高等职业教育专业认证手册

■ 主　编　丁晓昌
■ 副主编　王丹中　李振陆　徐胤莉

中国教育出版传媒集团
高等教育出版社·北京

内容提要

　　专业认证是全球通行的教育质量外部保障制度，在我国普通高校本科专业中已全面开展并取得良好的实践效果。随着职业教育进入高质量发展的新阶段，在高等职业教育领域开展具有中国本土特色并和国际实质等效的专业认证势在必行。

　　本书是江苏省高等教育学会以推动江苏省高职教育创新发展为使命担当，秉承"重在建设、不惟认证"工作思路，牵头组织全省力量探索建立省域高职专业认证制度，历经 5 年的组织筹备、理论积淀以及 2 年的试点实践、课题研究的成果体现。本书的编写参考国际和国内各类专业认证的先进经验和规范，力图打造办学相关主体多方参与、由点到面的职业教育专业认证范式与路径。全书涵盖专业认证概述、认证规范解读、接受认证专业工作指南、认证专家工作指南、认证工作表单阐述等具体内容。

　　本书是江苏省高职教育界探索专业认证的工作手册和参考书，凝聚了全省域高职教学一线的实践智慧，反映了职业教育的区域特色，亦可为国内同行开展职业教育专业认证相关研究提供参考。

图书在版编目（CIP）数据

　　高等职业教育专业认证手册 / 丁晓昌主编；王丹中，
李振陆，徐胤莉副主编． -- 北京：高等教育出版社，
2023.7

　　ISBN 978-7-04-060711-6

　　Ⅰ．①高…　Ⅱ．①丁…　②王…　③李…　④徐…　Ⅲ．
①高等职业教育 – 认证 – 中国 – 手册　Ⅳ．① G719.21-62

　　中国国家版本馆 CIP 数据核字（2023）第 112076 号

高等职业教育专业认证手册
Gaodeng Zhiye Jiaoyu Zhuanye Renzheng Shouce

| 策划编辑 | 周先海 | 责任编辑 | 胡乐心 | 封面设计 | 赵　阳 | 版式设计 | 马　云 |
| 责任绘图 | 李沛蓉 | 责任校对 | 刘俊艳　胡美萍 | 责任印制 | 赵　振 | | |

出版发行	高等教育出版社	网　　址	http://www.hep.edu.cn
社　　址	北京市西城区德外大街 4 号		http://www.hep.com.cn
邮政编码	100120	网上订购	http://www.hepmall.com.cn
印　　刷	三河市宏图印务有限公司		http://www.hepmall.com
开　　本	787mm×1092mm　1/16		http://www.hepmall.cn
印　　张	7.75		
字　　数	160 千字	版　　次	2023 年 7 月第 1 版
购书热线	010-58581118	印　　次	2023 年 7 月第 1 次印刷
咨询电话	400-810-0598	定　　价	38.00 元

本书如有缺页、倒页、脱页等质量问题，请到所购图书销售部门联系调换
物 料 号　60711-00

积极探索专业认证制度，助推高职高质量发展

——《高等职业教育专业认证手册》序

推进高质量发展是现代职业教育建设的重要使命。就现阶段我国高职教育发展现状而言，高质量人才培养的供给还明显不足，发展面临的难点、痛点和堵点还有不少，唯有加强质量建设，着力增强对产业和区域经济发展需求的适应性，着力提升对学生出彩人生的支撑度，才能夯实职业教育前途广阔的根基，增强职业教育大有可为的底气。质量是"十四五"职业教育发展的主旋律，加快构建现代职业教育的质量体系，是我国职业教育面向 2035 的核心任务和逻辑主线。

江苏省不断夯实质量发展基础，坚定不移走质量强省之路，为"强富美高"新江苏现代化建设提供强有力的保障。在高职教育大力推进质量建设的当下，江苏省高等教育学会牵头，组织力量在全国率先探索建立省域高职专业认证制度，开展专业认证试点实践，编写并出版了《高等职业教育专业认证手册》（以下简称《手册》），无疑是令人欣喜的。这一探索延续了江苏省高职教育勇于创新的传统，体现了江苏省高等教育学会"争当表率、争做示范、走在前列"的使命担当，对健全职业教育标准体系、完善办学质量监管评价机制有着积极意义。此举不仅在省域教育改革实践中发挥了纲领性作用，同时也为全国同行分享交流提供参考。

专业认证是经过国内外高等教育长期实践后形成的一种有效的外部质量保障制度。我国自 2005 年前后开始研究构建与国际实质等效的工程教育专业认证体系，近 20 年来已经在普通高等教育的工程、临床医学、师范等专业领域建立起了较为成熟的专业认证制度，理学、农学、人文社科等领域的专业认证制度也正在构建中。专业认证制度已成为我国普通高等教育"五位一体"教育评估制度的重要组成部分，为专业的质量建设提供了有效范式。从专业认证的理念上看，其所遵循的"以学生为中心"理念体现了教育的人本情怀，在贯彻党的教育方针前提下，促使专业和学校更好地关注全体学生的需求，服务全体学生的发展；"以成果为导向"理念强化了产出意识，构建了以学习成果达成为主线的专业质量建设闭环；"持续质量改进"理念明确了质量建设是一项没有最好、只有更好的永久性工程，并提供了质量提高的思路和方法。从建设实践上看，专业认证着眼于专业人才培养的方案设计、教学实施和成果产出，聚焦于质量目标链、教学内容链、资源配置链、成果控制链在专业、课程、课堂层面的落实，是能触动教育教学深层

次改革、触及每一位师生的有效抓手。无论是从理念上，还是从实践上，专业认证对高等职业教育的质量建设同样具备指导意义。

《手册》全面展现了江苏省高职专业认证的制度设计，研究扎实、态度务实、内容切实。首先是认证标准具备科学性和适用性。认证标准很好地汲取了普通高等教育专业认证的经验，从"学生发展""培养目标""毕业要求""课程体系""教学实施""持续改进""师资队伍""支持条件"八个方面系统化构建指标体系，全面贯穿专业建设逻辑链条上的关键环节。认证标准将认证理念落实到江苏高职教育的具体情境中，进行了特色化、本土化的创新和丰富，强调了高职教育立德树人、产教融合、校企合作、工学结合、德技并修的教育特征。在教学实施和持续改进环节，认证标准还特别强调对信息技术的使用，体现了信息化在高等职业教育改革发展中的重要性。其次是认证机制具备成长性和周期性。专业认证机制明确要求专业在提出认证申请后，需对标建设不少于1年方能接受认证，1年内专业需以《手册》为依据，开展过程性建设。这一举措充分体现了"不惟认证，重在建设"的导向，强调了学校和专业在建设上的主体责任；同时，以第三方的质量认证为手段，引导学校对照认证规范，因地制宜探索建立适合学校和专业的建设路径、建设模式和质量保障机制；这一过程符合教育评价改革中增量评价的新趋势，从而有效激发各方活力。此外，江苏省高职专业认证制度采用周期性认证机制，专业在认证有效期满后需重新接受认证，从而引导专业始终保持建设状态、持续改进教育教学服务。

作为经济强省、教育强省的江苏，在推动高质量发展过程中，更需要高质量的高职教育予以支撑。相信随着江苏高职教育专业认证的大幕拉开，将为全国高职教育战线提供一系列可借鉴、可复制、可推广的成果和经验，高职教育质量保障的江苏方案、江苏智慧将在中国高等职业教育高质量发展中发挥更大作用！

2022 年 10 月

目　录

第一章
江苏省高等职业教育专业认证概述

　　江苏省高等职业教育专业认证是由江苏省高等教育学会牵头，探索建立的一项省域高等职业教育专业建设质量保障制度。该认证工作由江苏省高等教育学会设置高职专业认证委员会（以下简称认证委员会）组织实施，面向全省专科层次高等职业教育专业开展，依照认证标准对专业人才培养方案的设计、落实和成效进行第三方评价。

　　开展江苏省高等职业教育专业认证旨在全面贯彻党的教育方针和习近平总书记对职业教育工作的重要指示精神，落实立德树人根本任务，借鉴国际高等教育质量保障先进理念和我国普通本科专业认证实践经验，服务新时代高等职业教育高质量发展要求，构建体现中国特色、彰显高职特征、具备江苏特点的高等职业教育专业质量保障机制，以专业认证促进专业内涵建设和质量持续提升。

　　江苏省高等职业教育专业认证制度的具体机制文件包括《江苏省高等职业教育专业认证实施办法（试行）》《江苏省高等职业教育专业认证专家管理办法（试行）》《江苏省高等职业教育专业认证通用规范》，详见附录。

第一节　认证基本理念

　　江苏省高等职业教育专业认证工作秉持三大基本理念：以学生为中心、以成果为导向、持续质量改进。

　　以学生为中心（Student-Centered，SC）理念强调对学生学习主体性的尊重和激发，认为教育应该引导和服务学生主动进行自我激励、自我指导、自我评价、自我实现和自我负责，唯有如此，学生的发展才是可持续的。该理念贯穿专业认证工作的全过程，决定了专业教育教学改革的方向。特别是在教学改革方面，强调从传统的以"教"为中心的教学模式转变为以"学"为中心的教学模式，强调构建"合作者"的新型师生关系，强调教学评价要关注全体学生的学习成果达成度。以学生为中心的理念要求学校对全体学生达成学习成果负责，在着力开展教学改革的同时，以服务学生德智体美劳全面发展为目标,落实"三全育人"要求,系统化改进学校的教学支持条件和教育管理服务。

以成果为导向(Outcome-Based Education,OBE)的理念于1981年由美国学者William G.Spady提出,至今已形成完整而丰富的理论体系,对国际高等教育和专业认证的发展影响深远。该理念认为教学设计和教学实施的目标是学生通过教育过程后所取得的学习成果。学习成果可分为两个层面:一是培养目标,是对学生在毕业后5年左右所能够达到的职业和专业成就的总体描述,是专业人才培养的基本依据;二是毕业要求,也可称为核心能力,是对学生毕业时应掌握的知识、技能和素养的具体描述,是学生完成学业时应该取得的学习成果。以成果为导向的理念对专业人才培养提出了"反向设计、正向实施"的思路,围绕学生需达成什么学习成果、为什么要达成这些学习成果、如何帮助和支持学生达成这些学习成果、如何评价学生是否达成了学习成果等问题,从专业人才培养的内外部需求出发,依次构建了从培养目标到毕业要求,再到毕业要求指标点,再到课程体系、教学内容的多层次关联矩阵,形成人才培养方案,配置相应的师资队伍和支持条件,建立持续改进的闭环式教学质量保障体系。专业按照人才培养方案开展教育教学活动,并以毕业要求和培养目标的达成度作为评价专业人才培养质量的依据。以成果为导向的理念为专业人才培养提供了清晰的设计和实施逻辑,在专业人才培养工作中需按照"培养目标→毕业要求→毕业要求指标点→课程教学目标→课堂教学目标"的层次构建自上而下逐级分解、自下而上逐级支撑的教学目标链(学习成果链),而各类教学活动对成果的支撑度和各级学习成果的达成度,是专业认证考查的主线。

持续质量改进(Continuous Quality Improvement,CQI)是质量管理领域通用的基本理念,指在质量生成过程中不仅要着眼于质量从无到有的形成,更要重视质量从有到优的动态发展。专业认证要求以学生的学习成果达成度为依据,对专业人才培养活动进行全方位、全过程的跟踪与评价,并将评价结果及时用于人才培养工作的改进。通过培养目标的持续改进,保障其始终与内外部需求相符合;通过毕业要求的持续改进,保障其始终能支撑培养目标的达成;通过教育教学活动和服务的持续改进,保障其始终能支撑毕业要求的达成。在持续质量改进中,要特别注意建立过程性的质量监控机制,以保障能根据监控结果及时补救和改进教育教学服务的不足;在反馈机制的建设上,要保证相关信息能及时反馈到质量建设的每一个实施者和参与者,以使质量改进得到全员性、系统性的落实。

专业认证的三个基本理念分别从专业教育教学服务的价值取向、培养活动的设计和实施逻辑、教学评价的功能指向等方面为专业人才培养工作提供了明确的指导。根据专业认证的实施促进,学校应将三个基本理念转化为具体的质量标准、管理机制、工作流程和行为规范,形成有效的专业人才培养质量生成体系和质量保障体系。

第二节 认证实施原则

　　根据高等职业教育质量保障机制建设的客观需求，借鉴我国工程教育专业认证、师范类专业认证等制度的有益做法，结合国家和江苏省有关高职专业建设的政策要求，确定江苏省高等职业教育专业认证工作遵循以下原则。

　　一是彰显职教类型特色。对不同层次、不同类型的专业教育，专业认证的实施框架和流程是相对一致的，但在认证标准的制订上，需根据认证对象的具体特征提出相应的内涵要求。2019 年国务院印发《国家职业教育改革实施方案》，提出"职业教育与普通教育是两种不同教育类型，具有同等重要地位"，并从体系构建、标准建设、育人机制、办学格局、建设保障等各个方面，明确了职业教育作为类型教育的独特内涵。强化类型特色成为职业教育高质量发展的主要思路之一。江苏省高等职业教育专业认证工作深入落实《国家职业教育改革实施方案》等文件精神，将职业教育的类型特色要素融入认证标准内涵中，明确相应的建设要求和考查重点，通过建立符合我国高等职业教育发展要求的标准体系和认证机制，促进职业教育专业建设特色更为鲜明、作用更为突出。

　　二是强化学校主体责任。质量是建设出来的，专业建设是学校人才培养质量提升的基石。江苏省高等职业教育专业认证工作强调学校在专业建设上的主体责任，突出专业认证中的建设意识，对首次申请认证专业设置了为期一年左右的专业建设期，以引导学校将对照认证标准、开展内涵建设作为提升专业人才培养质量、促进核心竞争力形成的重要抓手。在专业的对标建设中，还强调专业的个性和特色，虽然专业认证标准对专业人才培养工作的关键环节提出了统一的质量要求，但专业认证标准只是提出了基本规范和基本内涵，并没有对具体如何实施提出机制和举措。学校需因地制宜，充分考虑到学校和专业的办学传承、个性特色和客观条件，在深刻把握认证标准内涵的基础上积极创新，形成适合自身的建设机制和举措，主动保障专业人才培养质量的持续改进。

　　三是周期认证保持质量。职业教育专业的质量建设需要常态化、动态化和持续化，江苏省高等职业教育专业认证工作采用周期性认证机制，专业通过认证后获得一定的认证有效期，在认证有效期满后需重新按流程接受并通过认证，才能继续拥有通过认证资格，借此机制引导专业建设不断改进，实现质量的持续提升。职业教育专业人才培养质量判断的主要依据是对产业和岗位的适应性，在新技术、新模式、新岗位快速涌现的当下，职业教育人才培养的外部需求也在不断变化，需要持续跟踪产业变化动态调整培养内涵，因此专业周期性认证机制对保障职业教育专业的人才培养质量也显得尤为重要。

第三节　认证组织机构

江苏省高等职业教育专业认证工作由江苏省高等教育学会牵头开展探索，学会设置江苏省高职专业认证委员会负责整体工作。

认证委员会由熟悉高职教育的教育界专家和产业界专家组成，负责组织力量研究和建立认证机制，开发认证标准体系；遴选和培训认证专家，建立认证专家库，组建认证专家组；审议认证报告和认证结论建议，批准与发布认证结论。

认证委员会设秘书处，负责专业认证的具体运行，包括统筹安排、申请受理、组织实施和联系协调等工作。专业认证的日常运行服务和管理事务由秘书处办公室承担。

认证委员会设仲裁监督组，负责督促认证专家遵守认证纪律，诚信、公正地开展认证工作；受理学校关于认证工作的申诉，组织调查并做出最终裁决；接受社会各界对认证工作的投诉，组织调查并做出相应处理。

认证委员会按照一定的标准和流程，遴选教育专家和行业企业专家，进行业务培训。在专家理解认证规范内涵、掌握认证工作流程和方法后，由认证委员会聘请为江苏省高职专业认证专家，纳入认证专家库。根据申请认证专业的实际情况，认证委员会在认证专家库中选择相关领域的专家组成认证专家组，负责具体实施专业自评材料审阅和现场认证考查等工作，并根据审阅和考查情况撰写认证报告，提出认证结论建议。

第四节　认证标准体系

江苏省高等职业教育专业认证标准体系是专业认证活动的实施依据，由通用规范和各专业补充规范两部分组成，认证委员会负责标准体系的组织开发和归口管理。

《江苏省高等职业教育专业认证通用规范》规定了专业认证活动的适用范围、术语和定义、通用认证要求等内容，其中通用认证要求从"学生发展""培养目标""毕业要求""课程体系""教学实施""持续改进""师资队伍""支持条件"8个方面，对专业人才培养工作的设计、实施、改进和保障提出了31条具体规范。"学生发展"方面主要规范了专业吸引适合生源、完善学生发展服务机制和过程性跟踪评价机制，以及建立学习成果认可机制等方面的内容。"培养目标""毕业要求"和"课程体系"3个方面着眼于人才培养方案的设计，强调在行业企业的深入参与下，落实立德树人根本任务和职业教育服务发展宗旨，建立公开、明确的人才培养目标链。同时根据高等职业教育的人才培养规格，提出了知识储备、问题解决、工具使用、社会责任、职业规范、团队合作、沟通交流、终身学习 8 个维度的毕业要求，综合国家和江苏省等多个指导文件的要求，规范了课程结构、内容和学时要求。"教学实施"方面着眼于人才培养工作的微观实施，对课堂教学的目标落实、课程思政、教学改革和信息化等提出规范。"持续改进"方面着力建立人才培养在培养目标、毕业要求、教学活动三个层面的质量改进闭环，突出过程性、常态化评价与改进，强调信息技术和大数据在教学改进中的应用。"师资队伍"和"支持条件"方面规范人才培养的资源保障，根据高等职业教育的特点强调"双师"团队和实训条件的建设，以及企业资源在其中的深度融合。

专业补充规范是根据按需开发原则，对有需要的专业大类，在通用规范基础上，组织相关领域专家，对培养目标、毕业要求、课程体系、师资队伍、支持条件等补充提出本类专业的特色要求。接受认证专业应当提供足够的证据，证明该专业同时符合通用规范以及相应补充规范的要求。专业大类或专业类的划分一般以教育部职业教育专业目录为依据。

第五节　认证工作流程

江苏省高等职业教育专业认证工作基本流程包括专业认证申请、专业自查自评、自评材料审阅、现场考查、意见征询、认证结论审议六个阶段。

一是专业认证申请阶段。由申请认证专业向认证委员会秘书处提交申请材料，秘书处组织专家审阅申请学校及专业是否具备申请认证的基本条件，根据认证工作的年度计划，做出是否受理的决定。对受理申请的专业，及时通知申请学校开展专业自查自评工作。

二是专业自查自评阶段。首次接受认证专业需对照《江苏省高等职业教育专业认证通用规范》和相应的专业补充规范，逐条梳理专业人才培养工作中存在的不足，提出改进举措和计划，进行为期一年左右的优化建设。非首次接受认证专业需对照《江苏省高等职业教育专业认证通用规范》和相应的专业补充规范，以及前次认证发现的不足，逐条梳理、检查专业建设和改进情况。在自查的基础上，接受认证专业对标进行自我评价和自我举证，形成自评报告书和相应的佐证材料，提交给认证委员会秘书处。自查自评阶段，认证委员会秘书处根据需要组织相关业务培训。

三是自评材料审阅阶段。由认证专家组对专业提交的自评材料进行不少于 30 个工作日的审阅。通过审阅自评材料，认证专家全面了解接受认证专业的建设情况，初步判断专业人才培养工作符合规范的程度，明确现场考查阶段需关注的问题和需重点考查的内容。

四是现场考查阶段。认证专家组到接受认证专业开展实地考查活动，以认证通用规范和相应的专业补充规范为依据，针对专业与自评材料中存在的问题进行查验，了解自评材料中未能反映的有关情况，进一步确认专业建设成效、了解和判断专业人才培养工作符合规范的程度。现场考查的主要活动包括专家组预备会议、专家组见面会、课堂教学考查、深度访谈、材料查阅、实地走访等。在现场考查过程中，认证专家需与接受认证专业的院系负责人、专业负责人、教师代表、学生代表、校友代表、用人单位代表以及学校相关职能部门的负责人进行深入交流，通过个别或集体访谈，了解专业对认证规范的落实情况和实践成效。现场考查各项活动结束后，认证专家对照认证规范逐条给出对专业人才培养工作的符合情况判断和意见建议，并召开内部会议，集体讨论确定考查意见反馈内容和专业认证报告主体内容，就接受认证专业的优点、存在问题、改进建议、规范符合情况判断和认证结论建议达成一致意见。

五是意见征询阶段。认证专家组在现场考查工作结束后，于规定时间内向认证委员会秘书处提交专业认证报告。报告包括专业认证活动基本情况、认证规范符合情况判断、专业认证中发现的问题和需要关注并采取措施予以改进的事项、认证结论建议等。认证委员会秘书处将专业认证报告送交接受认证专业征询意见。专业如对专家组的认证结论建议有异议，可向认证委员会秘书处书面提交复议申请及相关佐证材料。认证专家组组长组织专家组全体成员根据专业的申请内容和佐证材料，对相关情况进行复议，拟定最终认证结论建议。

六是认证结论审议阶段。认证委员会于每年1月和7月召开全体会议，集中审议专业认证报告。在充分审议材料的基础上，认证委员会委员采取无记名投票方式，对认证专家组提出的认证结论建议进行表决，确定认证结论。

在专业认证实施过程和认证结论公示期间，接受认证专业如对认证过程有质疑，或对认证结论有异议，均可向认证委员会仲裁监督组提出书面申诉，并提供能够充分支持申诉理由的相关材料。仲裁监督组负责对申诉内容进行调查，提出调查意见和处理建议，报认证委员会审议后予以实施。

第六节　认证结论确定

接受认证专业对《江苏省高等职业教育专业认证通用规范》和专业补充规范各条标准的符合情况，是确定专业认证结论的依据。符合情况判断包括"符合""基本符合""不符合"三类，其中"符合"指对照相应规范条款，专业在机制设计、执行落实、实施成效等方面均符合要求；"基本符合"指对照相应规范条款，专业在机制设计、执行落实、实施成效等方面基本符合要求，但存在需要改进的次要问题或需要关注的潜在问题；"不符合"指对照相应规范条款，专业在机制设计、执行落实、实施成效等方面存在根本性问题，不符合规范要求，或存在定量性规范未达成情况。各条标准的符合情况判断首先由认证专家个人根据自评材料审阅和现场考查情况提出，再通过认证专家组会议集体讨论确定。

根据规范符合情况判断，认证专家组对专业认证结论提出以下 3 种建议：

（1）通过认证，有效期 5 年。专业对《通用规范》和专业补充规范各条标准均达到"符合"，首次认证专业原则上不给予此结论。

（2）通过认证，有效期 3 年。专业对《通用规范》各条标准均达到"符合"或"基本符合"，且"符合"项不少于 21 条；对专业补充规范各条标准均达到"符合"。

（3）认证不通过。专业对《通用规范》各条标准存在"不符合"项，或对专业补充规范各条标准存在"不符合"或"基本符合"项。

认证专家组所提出的认证结论建议经认证委员会审议通过后，正式批准发布。

认证结论为"通过"的专业，在有效期内享有通过认证的各项权益。有效期满后，"通过认证"身份自动失效，如需保持资格，可重新提出认证申请。认证结论为"不通过"的专业，需在结论公布后整改建设满一年，方可重新申请认证。

第二章
《江苏省高等职业教育专业认证通用规范》解读

《江苏省高等职业教育专业认证通用规范》（以下简称《通用规范》）是在江苏省高等教育学会的领导下，由南京信息职业技术学院牵头、省内20余所高职及本科院校共同起草（《通用规范》全文见附录Ⅲ）。《通用规范》由"范围""规范性引用文件""术语和定义""认证要求"4部分组成，其中"范围"明确本规范适用于江苏省高等职业教育已有连续三届毕业生的专科专业的质量评价；"规范性引用文件"列举了本规范制定所依据的国家和江苏省的相关政策文件；"术语和定义"对本规范中所采用的重要术语内涵进行了说明；"认证要求"是本规范的核心部分，包含学生发展、培养目标、毕业要求、课程体系、教学实施、持续改进、师资队伍、支持条件8个方面，对专业人才培养工作的设计、实施、改进和保障提出了31条具体规范，该部分是专业对标建设和认证考查的主要依据，需要准确把握各条规范的内涵。

第一节　学　生　发　展

"学生发展"由《通用规范》4.1.1—4.1.4组成，主要对专业吸引生源、学生发展服务机制建设、学习过程的跟踪评价、学习成果的认可转换等提出要求。

一、《通用规范》4.1.1

1. 规范条文
建立符合职业教育特点的，能吸引适合生源的制度措施。

2. 内涵说明
"适合生源"可从三个方面理解：一是生源的充足性。专业应能吸引足够的生源，为专业的可持续发展提供必要基础。生源是否"充足"是一个相对的概念，受学校、行业、区域和社会背景的影响，在不同专业的表现不尽相同，没有绝对的参照值。二是生源的适应性。基于职业教育"面向人人"的教育特点，学校和专业要能够为不同类型的学习者提供多样化的入学渠道和学习方式，且通过一定的方法保障所遴选的学生具备与专业学习需求相匹配的基础能力，能够完成专业的学习要求、达成相应的学习成果。三是生源的认同性。学生应对本专业具备一定的认知度和认可度，其中认知度是指对本专业了解的程度，认可度是指喜欢本专业的程度，这些会直接影响学生的学习兴趣和就业态度。专业应该为提高考生和新生对专业以及相应职业领域的认知度和认可度，采取有效的举措。

"制度措施"不仅指学校层面建立的相关制度、采取的相关举措，专业或其所在院系也应承担吸引适合生源的责任，结合客观实际，建立和完善相关制度和举措。"制度措施"具体可包括招生制度、招生宣传制度、专业生源质量分析、在校生专业认可度分析、奖助学金制度等。制度措施应该具有稳定性和连续性。

3. 考查重点

（1）学校、院系和专业在招生和吸引适合生源方面的制度、举措和实施成效。

（2）专业在准确把握生源状况方面的举措。

（3）专业在提升学生专业认知度、认可度方面的举措及效果。效果主要表现在学生的学习意愿、职业认同和就业态度上。

二、《通用规范》4.1.2

1. 规范条文

建立学习激励、学业指导、职业规划、就业指导、心理辅导等方面的机制，并有效落实。

2. 内涵说明

学校和专业应围绕立德树人根本任务，落实"三全育人"要求，以服务学生全面发展为统一导向，系统化设计服务学生发展的各项机制，并能够有效落实。在学习激励、学业指导、职业规划、就业指导、心理辅导的实施过程中，教学、学工、管理、服务等工作队伍要承担相应的责任，形成服务合力。除标准所列出的服务机制外，鼓励学校和专业拓展服务领域，实施更多更细的创新服务举措。

在各项服务机制中，保障和促进学生的学业发展是重点。专业应有激励学生学习的制度和举措，并为学生提供充分的学习指导。学习指导要让学生能全面、系统地了解专业和课程的学习目标、学习内容、学习要求和学习方法，帮助学生形成学业规划；要有畅通的师生交流渠道，以便教师能及时帮助学生解决学习困难。

3. 考查重点

（1）学校、院系和专业在激励学生学习方面的制度、举措和实施情况。

（2）专业指导学生了解培养目标、毕业要求和培养方案的机制和实施情况；任课教师指导学生了解课程教学目标、教学大纲、学习要求和学习方法的机制及实施情况。

（3）在学生职业规划、就业指导、心理辅导等方面的制度举措、人员配备、条件保障和执行情况。

（4）各项服务机制和相关工作队伍是否围绕支撑学习成果的达成形成了育人合力。

三、《通用规范》4.1.3

1. 规范条文

对学生在整个学习过程中的表现进行跟踪与评估，建立过程性评价机制，促进和保障学生毕业时能达到毕业要求。

2. 内涵说明

"跟踪与评估"是指对学生个体在整个学程中的学习活动、学习态度、学习能力和学习成果等要进行持续的监控、评价和分析，及时把控和干预学生的学习行为，保障其能达到毕业要求。其中，对学业有困难的学生要及时预警，并采取必要的帮扶措施。

"过程性评价"是指在课程教学过程中，通过各种教学方式和评价方式观察和评价学生的学习情况，发现存在的问题、及时改进教学设计，为有需要的学生提供帮扶，以保障课程教学目标的达成。开展过程性评价是为了及时且有针对性地改进"教"和"学"，使尽可能多的学生在学业结束时能够达成毕业要求。

3. 考查重点

（1）专业跟踪和评估学生学习成果、促进和保障学生达成毕业要求的制度举措及执行情况。

（2）基于课程教学目标开展过程性评价和及时改进"教"与"学"的制度举措、执行情况和实施成效。

四、《通用规范》4.1.4

1. 规范条文

建立完善的学生学习成果认定、积累和转换机制。

2. 内涵说明

建立学生学习成果认定、积累和转换机制，主要是体现对学生多样化、个性化学习的尊重和认可，同时也是对高等职业教育推进"岗课赛证"综合育人、开展1+X证书制度试点和终身教育学分银行建设等的支持。在机制建立中，要贯彻以成果为导向的理念，关注认定依据和认定程序的合理性。在认定依据方面，强调学生在本专业课程体系之外的学习成果被认定和转换的前提是能支撑毕业要求达成，即具有与课程体系相关内容"等价"或"覆盖"的作用。认定程序方面，强调专业应基于支撑毕业要求，符合"等效"的原则，制订学习成果认定、积累和转换制度，明确认定规则、成果清单和执行程序，并保证认定结果有据可查。

3. 考查重点

（1）专业学分认定制度是否包含了对本专业课程体系以外的学习成果认定、积累和转换的设计，其相关程序和规则是否清晰。

（2）学习成果认定依据和规则是否符合"等效""等价"等原则。

（3）学习成果认定、积累和转换机制的执行情况。

第二节 培 养 目 标

培养目标是对学生在毕业后 5 年左右能够达到的职业和专业能力的总体描述，这是专业教育的最终产出。"5 年左右"主要考虑的是毕业生职业发展达到相对稳定状态的时间点，专业可以根据各自的职业领域发展特点将此时间点确定在毕业后 3 ～ 5 年内。在制订培养目标时，需邀请处于该区间内的校友参与"培养目标"由《通用规范》4.2.1—4.2.4 组成，主要对培养目标制订的内外部需求、培养目标的表述、制订及定期修订等提出要求。

一、《通用规范》4.2.1

1. 规范条文

培养目标须贯彻党的教育方针，落实立德树人根本任务，培养德智体美劳全面发展的社会主义建设者和接班人。

2. 内涵说明

本条规范强调了为党育人、为国育才的专业人才培养总目标。专业培养目标需体现党的教育方针和立德树人根本要求，要结合高等职业教育人才培养定位和相应职业岗位需求，将社会主义核心价值观和德智体美劳全面发展的要求，在培养目标、毕业要求、课程目标、课堂教学目标等各级目标中逐层分解、细化，在专业的教育教学活动和各项服务中得到落实。

专业在人才培养过程中，要将思想政治教育常态化、制度化、系统化，切实推进习近平新时代中国特色社会主义思想进教材、进课堂、进头脑，教育引导青年学生爱党爱国、坚定理想信念，增强学生报效祖国、服务社会的使命担当，培育学生的劳模精神、劳动精神和工匠精神。

3. 考查重点

（1）专业培养目标中是否体现了党的教育方针和教育立德树人的根本要求。

（2）专业培养目标中有关立德树人的内涵在毕业要求、课程体系、教学实施等环节是否得到了分解和落实。

（3）专业的思想政治教育常态化、制度化、系统化建设情况及其育人成效。

二、《通用规范》4.2.2

1. 规范条文

培养目标应体现高职教育的培养特色，符合学校定位，适应区域社会经济的发展

需求。

2. 内涵说明

本条规范强调了高等职业教育专业人才培养的内外部需求。外部需求主要包括：高素质技术技能人才的培养定位，专业所服务的区域产业、行业发展趋势和就业目标岗位群的人力资源需求。内部需求主要包括：学校的人才培养定位和培养特色传承、专业具备的资源条件等。在制订培养目标的过程中，专业应对上述内外部需求进行充分的梳理和调研。特别是对于区域产业、行业发展需求和目标就业岗位群的人力资源需求变化，需要有多渠道、多方面、常态化的调研和分析机制，以保证对人才培养需求判断的准确性和时效性。因培养目标描述的是学生毕业后5年左右的发展状态，故在需求调研中应有该时间段毕业生职业发展的情况调查，并作为确定培养目标内涵的依据之一。

3. 考查重点

（1）专业是否建立了对相应区域产业、行业和就业岗位群需求的常态化调研分析机制；调研渠道是否多元、调研内容是否全面、调研数据是否真实、分析思路是否科学。

（2）专业人才培养的内外部需求梳理及分析是否全面、准确。

（3）培养目标内涵与相应人才培养需求的对应关系是否清晰。

三、《通用规范》4.2.3

1. 规范条文

培养目标明确、公开，能够为学生、教师、行业、企业、校友等各利益相关方所理解和认同。

2. 内涵说明

本条规范对培养目标的表述、公布和理解提出要求。其中"明确"是指专业对培养目标的描述要层次清晰、用词准确、简明易懂；"公开"是指专业应有公开渠道公布和解读专业的培养目标，使利益相关方知晓和理解培养目标的含义。各利益相关方对培养目标的理解和认同有助于各方在各自领域里共同推动培养目标的达成，故在培养目标制订过程中，专业应通过多种方式和机制使各利益相关方能够参与讨论、表达意见、达成共识。

3. 考查重点

（1）专业培养目标的表述是否清晰准确、易于理解。

（2）专业是否有面向不同利益相关方的培养目标公开渠道和宣传解读；各利益相关方是否知晓和理解专业的培养目标。

（3）在专业培养目标制订过程中，专业是否建立机制保障各利益相关方能参与讨论、表达意见、达成共识，以及机制的实施情况。

四、《通用规范》4.2.4

1. 规范条文

培养目标的制订、定期评价与修订机制健全；有行业、企业、校友参与培养目标的制订、评价和修订工作。

2. 内涵说明

本条规范要求专业建立健全培养目标制订、定期评价与修订机制，保障专业培养目标能根据内外部需求的变化得到及时优化，以保持培养目标的先进性和人才培养的适应性。培养目标的制订、评价和修订工作除了专业教育教学团队（包括任课教师、学工团队、管理团队等）外，还要求有行业、企业、校友参与，是为了能够更为准确地反映外部需求。对于外部利益相关方的参与，专业需从代表性、参与度、稳定性等方面有所规范，以保证这些代表能准确、深入、全面地反映外部需求。

对培养目标的评价包括合理性评价和达成情况评价两种，本条规范所要求的定期评价指的是合理性评价，分析评价的是专业培养目标与区域经济发展、目标就业岗位、学校定位与专业特色、利益相关方期望等人才培养内外部需求的一致性。专业人才培养需求是动态变化的，因此定期开展培养目标合理性评价非常必要，这是修订培养目标的基础工作。关于培养目标达成情况评价详见《通用规范》4.6.3 的内涵说明。

关于培养目标评价和修订的周期，综合考虑职业教育的特点和可操作性，建议每年开展一次调研、监测活动，每三年开展一次全面评价和修订活动。专业也可以根据自身的具体情况确定周期，只要能保持培养目标的质量即可。

3. 考查重点

（1）专业是否建立了培养目标制订、定期评价与修订的机制，机制应包括评价周期、工作程序、组织机构、人员组成、工作要求等。

（2）在江苏省高职专业认证试点期间，对首次参与认证的专业，如运行周期不足，则只需考查培养目标制订机制是否得到认真执行。

（3）对非首次参与认证的专业，重点考查培养目标定期评价和修订机制是否得到认真执行，以及执行的成效。

第三节 毕 业 要 求

毕业要求是对学生在毕业时应该掌握的知识、技能和素养的具体描述，是学生完成学业时应该取得的学习成果，是培养目标达成的前提。"毕业要求"由《通用规范》4.3.1—4.3.3 组成，主要对毕业要求的表述和落实、制订及定期修订、主要内容等提出要求。

一、《通用规范》4.3.1

1. 规范条文

毕业要求明确、公开、可衡量，能够支撑培养目标的达成，并在学生培养全过程中得到分解落实。

2. 内涵说明

本条规范对毕业要求的表述、公布、理解和落实提出要求。其中"明确"是指对毕业要求的描述要层次清晰、用词准确、简明易懂。"公开"是专业应有公开渠道公布和解读专业的毕业要求，特别是要使教师和学生知晓毕业要求，并具有相对一致的理解。"可衡量"是指毕业要求"可落实""可评价"，即对知识、技能、素养的描述内涵具体、程度明确，可以通过教育教学活动来实现，可以通过学生的学习成果和表现来判定达成情况。

"能够支撑培养目标的达成"是指毕业生在达成专业毕业要求后，再经过5年左右的职业发展，能达成培养目标的要求；专业应能清晰地说明毕业要求与培养目标之间的关联。

"分解落实"是指专业需按照"毕业要求→毕业要求指标点→课程教学目标→单元教学目标→课堂教学目标"的逻辑链条，对毕业要求进行进一步的具体化，形成自上而下逐层分解、自下而上逐层支撑的目标链，以便落实到专业的教育教学全过程中。其中"毕业要求指标点"是指经过选择的、能够反映毕业要求内涵，且易于落实和评价的考查点。"毕业要求指标点"分解是衔接毕业要求与课程目标的关键环节，直接影响课程体系设置的科学性，需加以重视。各级目标是教育教学活动设计和学习成果评价的依据，其描述均需符合"明确""可衡量"的要求。

专业教育教学团队和学生对毕业要求的理解和认同有助于大家在各自领域里共同推动毕业要求的达成，故在毕业要求的制订和分解过程中，专业应通过多种方式，使教育教学团队全体成员都能在相应层面参与讨论、表达意见、达成共识；同时，要建立有效的宣讲机制，加强学生对毕业要求的认知。

3. 考查重点

（1）毕业要求表述是否清晰、准确、可衡量。

（2）毕业要求对培养目标是否形成了清楚、全面的支撑关系。

（3）专业是否形成了自上而下逐层分解、自下而上逐层支撑的目标链，各层目标的表述是否清晰、准确、可落实、可评价。其中，对毕业要求和毕业要求指标点要做全面考查；对课程教学目标、单元教学目标、课堂教学目标可以以随机抽查的方式进行考查，抽查要覆盖专业的各类课程。

（4）专业是否有适合不同利益相关方的毕业要求公开渠道。

（5）专业是否有提升教育教学团队及学生理解、认同毕业要求的举措，教育教学团队及学生是否知晓、理解毕业要求。

（6）专业是否建立机制，保障教育教学团队能够参与毕业要求的制订和分解，以形成育人共识。

二、《通用规范》4.3.2

1. 规范条文

毕业要求的制订、定期评价与修订机制健全；有行业、企业、学生、校友参与毕业要求的制订、评价和修订工作。

2. 内涵说明

本条规范要求建立健全毕业要求制订、定期评价与修订机制，保障专业毕业要求能根据内外部需求的变化得到及时优化，以保证毕业要求对内外部需求的呼应和对培养目标的支撑。毕业要求的制订、评价和修订工作除了专业教育教学团队外，还要求行业、企业、校友和学生参与。其中外部利益相关方代表的参与是为了保证毕业要求能够更为准确地反映外部需求。对于外部利益相关方的代表参与，专业需从代表性、参与度、稳定性等方面有所规范，以保证这些代表能准确、深入、全面地反映外部需求。要求学生参与是为了保证毕业要求的表述能更便于学生认知。

对毕业要求的评价包括合理性评价和达成情况评价两种，本条规范所要求的定期评价指的是合理性评价，分析评价的是专业毕业要求及毕业要求指标点的内涵对专业培养目标的支撑性。定期开展毕业要求符合度评价是修订毕业要求的基础工作。关于毕业要求达成情况评价详见《通用规范》4.6.2 的内涵说明。

关于毕业要求评价和修订的周期，综合考虑职业教育的特点和可操作性，建议专业每年开展一次调研、监测活动，必要时对毕业要求进行局部调整；每三年开展一次全面评价和修订活动。专业也可以根据自身的具体情况确定周期，能保证毕业要求的质量即可。

3. 考查重点

（1）专业是否建立了毕业要求制订、定期评价与修订的机制，机制应包括评价周期、工作程序、组织机构、人员组成、工作要求等。

（2）在江苏省高职专业认证试点期间，对首次参与认证的专业，如运行周期不足，则只需考查毕业要求制订机制是否得到认真执行。

（3）对非首次参与认证的专业，重点考查毕业要求定期评价和修订机制是否得到认真执行及执行的成效。

三、《通用规范》4.3.3

1. 规范条文

毕业要求应包括以下内容：

（1）**规范 4.3.3.1　知识储备：掌握必要的基础学科知识、专业知识以及人文和科学知识，能将其用于解决生产、建设、管理、服务等一线工作中的实际问题。**

（2）规范 4.3.3.2 问题解决：能够分析生产、建设、管理、服务等一线工作中的实际问题，并能设计与实施相应的解决方案；具备解决问题必需的技术技能和创新能力。

（3）规范 4.3.3.3 工具使用：能够选择和使用适当的现代技术工具和信息工具，解决生产、建设、管理、服务等一线工作中的实际问题。

（4）规范 4.3.3.4 社会责任：践行社会主义核心价值观，能够认知并履行自身对社会文明建设、生态文明建设、文化传承、法治建设等方面的责任。

（5）规范 4.3.3.5 职业规范：理解并遵守相关职业道德和规范，履行岗位职责；具备严谨专注、敬业专业、精益求精的职业态度。

（6）规范 4.3.3.6 团队合作：能够在工作团队中承担成员或负责人的角色；能够运用团队成员或负责人必备的项目管理知识和方法。

（7）规范 4.3.3.7 沟通交流：能够与同事、业内同行及社会公众进行有效沟通和交流；尊重多元文化和不同观点。

（8）规范 4.3.3.8 终身学习：具备自主学习能力和终身学习意识。

2. 内涵说明

本规范从 8 个能力维度提出了专业毕业要求需要覆盖的内容。专业可根据自身具体情况对毕业要求进行个性化设计和表述，不需照搬规范所提出的能力框架和内涵要求，但在内涵广度上应能涵盖规范所提出的内容，在达成程度上应不低于规范所提出的要求。对专业毕业要求是否覆盖了规范所列内容，不仅要考查毕业要求的具体表述，还要考查毕业要求指标点的具体表述，以判断专业对于规范所提的八项基本内容的内涵是否真正理解和落实。

"知识储备"条款中的"基础学科知识、专业知识以及人文和科学知识"是对知识结构的要求，专业所提供的教育教学活动要充分考虑学生德智体美劳全面发展和职业能力发展所需，并根据学生的发展阶段和认知规律给予合适的配置。能够将这些知识用于"解决生产、建设、管理、服务等一线的工作中的实际问题"是对知识运用的要求，专业在人才培养过程中，要贯彻职业教育"工学结合""知行合一"的要求，强化实践性教学，提升学生的应用能力。

"问题解决"条款一是要求学生应学会分析问题，在教学中要培养学生的问题意识和科学思维，能够运用相关知识识别和判断工作中实际问题的解决关键。二是要求学生应掌握解决问题的方法，能认识到解决问题有多种方案可选择，并会选择或设计合适的解决方案，同时还应具备解决问题所必需的技术技能和创新能力。对问题解决能力的培养应该以多种形式贯穿在人才培养过程中，除了日常教学，还可通过综合性实训、毕业设计、覆盖全员的专业技能竞赛、课内外各类专题研究实践活动等来落实。这些教学活动中用于学生训练的问题，应该是来源于生产、建设、管理、服务一线的真实问题，教师可以对这些问题进行教学化改造，但一定要反映真实的工作需求。

"工具使用"条款要求学生应了解专业常用的现代仪器、工具软件、信息工具和资源的使用方法，必要下还需了解其使用原理。学生能够选择与使用合适的工具和资源，来解决实践中的问题。在专业教学中，应将工作领域常用的技术工具和信息工具的使用纳入相应的课程内容。

"社会责任"条款是落实立德树人根本任务的重要体现，主要建立学生对国家和社会正确的认知和态度。通过专业的教育教学，要强化学生爱党爱国、服务社会的意识，使学生树立和践行社会主义核心价值观，明确个人作为社会主义事业建设者和接班人所肩负的责任和使命，在中华民族伟大复兴的征程上贡献自己的力量。要让学生了解中国国情，正确理解个人与国家、个人与社会的关系，在学习、生活和未来的工作中，能自觉履行在推进社会文明和生态文明建设、传承中华优秀传统文化、推进社会主义法治社会建设等方面的责任。专业要系统设计思政育人目标，并贯彻落实到各类教育教学活动中，开好思政课程和人文素质类课程，全面推进课程思政教学改革，开展好社会实践活动，并把学生相关行为表现纳入教学评价，形成思政工作育人合力。

"职业规范"条款针对培养合格"职业人"的目标，主要建立学生对职业和岗位正确的认知和态度。要让学生理解和遵循通用的和具有本职业领域特色的职业道德和规范。所谓理解，即不仅让学生知道"是什么"，还要让学生知道"为什么"，以提高学生对职业道德和规范的认同和自觉。要让学生认知未来就业岗位的工作职责，认同严格履行职责的重要性。要让学生养成爱岗敬业的职业态度，践行"工匠精神"。专业在人才培养过程中，需将职业道德、职业规范、岗位职责和"工匠精神"的内容有机融入课程里，特别是专业课程的教学内容中；要将学生相关行为表现纳入教学评价。专业应主动开展岗位需求调研，确保所传递的职业规范、岗位职责和职业态度符合企业真实需求；应把对专业毕业生职业素养的评价，作为毕业生跟踪调查和用人单位调研的重要内容，及时反馈调研结果，改进相关教育教学活动。

"团队合作"条款针对学生未来的职业情境，要求学生能够与他人合作共事，并在工作团队中承担不同的角色，独立或合作开展工作。学生还需具备和掌握一定的项目管理知识和方法，作为团队成员能够配合团队要求，执行好自己的工作计划和任务；作为团队负责人，能够组织、协调、带领团队开展工作。专业在教育教学中应组织开展合作性学习活动和团队合作项目，并设计科学的评价方式和标准，评价学生在团队中的表现，以培养和促进学生团队合作能力。

"沟通交流"条款要求学生能就专业问题，面向同事、业内同行及社会公众等不同的对象，以口头、文稿、图表、电子演示文稿等方式准确表达自己的观点；能理解与不同对象交流的差异性并做出相应的设计；能理解和包容他人不同的观点，并以达成共识作为沟通的导向。在构建人类命运共同体的时代背景下，学生还需具备开放的国际视野和文化心态，能尊重世界不同文化的差异性和多样性。专业在教学中应结合课程内容给学生创设沟通交流情境，指导学生掌握沟通交流的思路和方法，提供训练和展示的机会。专业应设置课程提高学生的外语应用能力和国际视野，包括对专业领域国际发展趋势的了解。

"终身学习"条款要求学生必须建立终身学习的意识，具备自主学习能力，以应对未来职业发展所面临的新技术、新产业、新业态、新模式的挑战。要引导学生在社会迅速发展的大背景下，认识到自主学习和终身学习的必要性，提高学生的求知欲。要培养学生自主学习的能力，特别是运用现代信息工具获取和使用学习资源的能力。专业应通过探究式教学、研究性学习、自主学习等多种方式，激发学生学习的主体性，并为学生的自主学习提供必要的资源和指导。

3. 考查重点

（1）专业毕业要求和毕业要求指标点是否内容上涵盖、程度上不低于本规范所提出的 8 项内容。

（2）针对学生各条毕业要求的培养，专业是否有系统设计并落实到具体的教育教学活动中。

第四节　课　程　体　系

"课程体系"由《通用规范》4.4.1—4.4.2 组成，综合国家和江苏省等多个指导文件的精神，对专业的课程开发、内容组成和持续改进等方面提出了要求。

一、《通用规范》4.4.1

1. 规范条文

课程设置能支持毕业要求的达成，课程体系设计有行业、企业专家参与。

（1）规范 4.4.1.1　公共基础课程的设置符合国家有关规定，将思想政治理论课、体育、军事课、心理健康教育等课程列为公共基础必修课程，将马克思主义理论类课程、党史国史、中华优秀传统文化、职业发展与就业指导、创新创业教育、信息技术、语文、数学、外语、健康教育、美育课程、劳育课程、职业素养等列为必修课或限定选修课。

（2）规范 4.4.1.2　专业课程内容要紧密联系生产劳动实际和社会实践，体现相应职业岗位（群）的能力要求，突出应用性和实践性，注重学生职业能力和职业精神的培养。

（3）规范 4.4.1.3　实践教学学时不少于总学时的 50%；与企业合作开展实习、实训，学生岗位实习时间不少于 6 个月。开设毕业设计等综合项目课程，且选题要结合本专业的岗位实际问题，体现岗位的技术技能要求，培养学生的职业意识、协作能力和综合应用能力。综合项目课程的指导和考核应有行业、企业专家参与。

（4）规范 4.4.1.4　专业总学时数不低于 2 500；公共基础课程学时不少于总学时的1/4；选修课学时不少于总学时的 10%。

2. 内涵说明

课程是实现毕业要求的基本单元，课程能否有效支持相应毕业要求的达成，是衡量课程体系是否满足认证规范要求的主要判断依据。所谓"支持"是指每项毕业要求和毕业要求指标点都有合适的课程支撑，每门课程的课程目标也都与相关的毕业要求指标点建立了明确的对应关系，并对支撑关系能够进行合理的解释。课程体系设计应以毕业要求为依据，确定课程组成、课程目标、课程内容、教学方式和考核方式。

要求行业、企业专家参与课程体系设计的目的是保证课程设置能符合行业企业和职业岗位的实际发展需求、课程内容和教学资源能得到及时的更新。专业应建立相关机制，保障行业、企业专家参与课程体系开发的代表性、参与度和稳定性。

对专业课程和实践教学的要求反映了职业教育的鲜明特色，专业要通过深入的校企合作，建立相关课程共建机制，引入企业资源参与专业课程建设，从而保障专业课程持续满足本条规范的要求。

3. 考查重点

（1）专业课程体系对毕业要求和毕业要求指标点的支撑是否清晰、全面。

（2）专业各类课程的内容和学时设置是否符合要求。

（3）专业是否建立了有效的校企共建课程机制；专业课程是否体现了相应职业岗位（群）的能力要求，是否突出了应用性和实践性，是否注重对学生职业能力和职业精神的培养。

（4）专业是否开设了毕业设计或其他综合项目课程；该类课程的选题是否结合了岗位实际问题，其指导和考核是否有行业、企业专家参与，在培养学生的职业意识、协作能力和综合应用能力作用上效果如何。

（5）专业是否建立了行业、企业专家参与专业课程体系开发的机制，及其执行情况。

二、《通用规范》4.4.2

1. 规范条文

建有课程体系定期评价、优化和课程标准（课程大纲）定期审查、修订机制，保障课程体系能支撑毕业要求，课程内容能及时跟进产业发展趋势和岗位发展需求。

2. 内涵说明

课程体系的定期评价和修订由专业负责人组织专业教育教学团队和相关行业、企业专家进行。该项工作以提高课程体系对毕业要求达成的支撑度为目标，在每年完成应届毕业生毕业要求达成度分析后进行，主要针对课程体系对毕业要求支撑不足之处优化课程的设置和定位。此外，在专业毕业要求修订后，应及时调整、改进课程体系。

课程标准（课程大纲）的定期审查、修订由课程负责人组织课程教学团队实施，必要时可邀请相关行业、企业专家参与。该项工作以提高课程教学目标达成度和保持课程内容先进性为主要目标，在每个教学周期（一般是一个学期）完成后开展。一是以学生的课程教学目标达成度为依据，针对不足之处优化相关教学内容和教学设计；二是以产业发展趋势和岗位发展情况为依据，紧跟最新变化和需求，优化相关教学目标和教学内容。此外，在课程体系优化后，应及时根据课程任务的变化修订课程标准（课程大纲）。

修订后的课程标准（课程大纲）需经专业审核通过后方能使用，专业应建立相关审核机制。课程标准（课程大纲）审核的重点是课程教学目标对相应毕业要求指标点的支撑度、课程教学设计对教学目标的支撑度、课程教学设计的可行性等。

3. 考查重点

（1）专业是否建立课程体系定期评价、优化机制，及其执行情况。

（2）专业是否建立课程标准（课程大纲）定期审查、修订机制，及其执行情况。

（3）上述两类机制的执行情况主要考查机制是否落实，以及机制落实后是否促进了课程体系和课程标准（课程大纲）的有效改进。在江苏省高职专业认证试点期间，首次认证专业如因运行周期不足、尚未实施课程体系的定期评价和优化，可只考查机制是否建立。

第五节　教 学 实 施

"教学实施"由《通用规范》4.5.1—4.5.4组成，主要着眼于人才培养工作的微观实施，对课堂教学的目标落实、课程思政、教学改革和信息化等提出要求。

一、《通用规范》4.5.1

1. 规范条文

课程教学目标明确、公开、可衡量，能够支撑毕业要求的达成；课堂教学内容、教学方法和评价方式能支撑课程教学目标的达成。

2. 内涵说明

"明确"是指对课程教学目标的描述要层次清晰、用词准确、内涵具体、简明易懂。"公开"是指应有公开渠道公布和解读课程教学目标，使学生在学习前能系统地了解课程教学目标，以及课程教学目标与毕业要求的关系（即课程的作用）、课程的学习内容、学习方法、学习要求和评价标准。"可衡量"是指课程教学目标可以通过教育教学活动来实现，可以通过学生的学习成果和表现来判定其达成情况。课程教学目标"能够支撑毕业要求的达成"应体现为支撑若干具体毕业要求指标点的达成。

课程的教学内容、教学方法、评价方式和评价标准等要根据课程教学目标进行一体化设计，要能够支撑教学目标的达成，教学评价结果要能体现教学目标达成情况。课程教学目标需进一步分解细化为单元教学目标、课堂教学目标，相应层级的教学内容、教学方法和教学评价要能对教学目标有效支撑。

全体任课教师对课程教学目标及相关教学设计的准确理解是保障课程教学质量的基础，故课程标准（课程大纲）的制订应由课程团队全体成员共同参与讨论完成。

3. 考查重点

（1）课程教学目标及其进一步分解、细化的单元教学目标、课堂教学目标的表述是否明确、可衡量。

（2）课程的教学内容、教学方法、教学评价等是否能支撑教学目标的达成。

（3）专业是否建立了公开渠道和宣传解读机制，保障学生在学习前能够系统地了解课程教学目标。

（4）课程标准（课程大纲）专业的制订是否由课程团队全体成员参与完成。

（5）因课程数量众多，对具体课程情况的考查可采用抽查方式进行，抽取的课程应覆盖专业的全部课程类型。

二、《通用规范》4.5.2

1. 规范条文

课程教学体现正确的价值导向，各类课程与思政课程同向同行，形成协同效应；体现先进的教育思想和教学理念，遵循学生认知规律。

2. 内涵说明

专业各门课程教学均应认真落实《高等学校课程思政建设指导纲要》等文件精神，与思政课程协同发力，落实教书育人职责，融价值观引导于知识传授和能力培养之中，帮助学生塑造正确的世界观、人生观、价值观。要结合课程特点，有机融入习近平新时代中国特色社会主义思想教育、社会主义核心价值观教育、中华优秀传统文化教育、宪法法治教育、职业理想和职业道德教育等内容，提升学生的政治认同、家国情怀、文化素养、法治意识和道德修养。

课程教学中需遵循国家和江苏省关于职业教育课程教学相关文件精神，融通"以学生中心""以成果为导向"和"持续质量改进"理念，以先进的职业教育思想和教学理念为指导优化教学设计；要关注学情和学生需求，采取合适的教学方法，不断提升教学实效。

3. 考查重点

（1）专业全面推进课程思政教学建设的情况和成效。

（2）教师对职业教育教学要求和先进教育思想、教学理念的了解和应用情况。

（3）课程教学设计的质量和实施情况，可以采用抽查方式进行。

三、《通用规范》4.5.3

1. 规范内容

课程教学文件规范、完整，能够指导教学活动的实施。

2. 内涵说明

课程教学文件包括但不限于人才培养方案、课程标准（课程大纲）、授课计划、教案等，由学校根据实际情况确定。"规范"指所有课程的教学文件均需符合学校或专业的相关要求。"完整"指所有课程的教学文件均需按学校或专业的要求达到种类完备、单个教学文件内容齐全。各类教学文件能体现对毕业要求的逐层分解和落实；文件的指导性和可操作性强，能对教学实施起到规范和指导作用。

3. 考查重点

（1）课程教学文件的规范性和完整性。

（2）课程教学文件的指导性和可操作性。

四、《通用规范》4.5.4

1. 规范条文

能合理运用信息技术、数字资源、信息化教学设施设备等提高教学成效。

2. 内涵说明

专业应积极促进信息技术与课程教学的深度融合，围绕课程目标的达成，利用互联网、大数据、人工智能等技术和数字化教学资源，拓展教学时空，构建虚实融合、多元互动的教学环境，推进差异化教学和个性化学习，加强过程性评价和及时动态反馈，切实提高教学成效。所谓"合理运用"是指所进行的信息化教学改革适合课程的特点，针对教学的实际需求，符合专业的客观条件，与改革前相比对提高教学质量有明显成效。

3. 考查重点

（1）专业推进信息化教学改革的整体情况。

（2）课程实施信息化教学改革的情况和成效。

第六节　持续改进

"持续改进"由《通用规范》4.6.1—4.6.4组成，着重建立专业人才培养在培养目标、毕业要求、教学活动三个层面的质量改进闭环，突出过程性、常态化的评价与改进，强调信息技术和大数据在教学改进中的应用。

一、《通用规范》4.6.1

1. 规范条文

建立教学过程质量监控机制，主要教学环节有明确的质量要求；定期开展课程目标达成情况评价，评价结果用于课程质量的持续改进。

2. 内涵说明

课程教学质量是专业人才培养质量的基石，它取决于教学过程的质量，因此专业需对教学过程进行有效的质量监控和改进。专业对课程的教学方案制订、教学实施、教学考核评价、教学总结改进等环节要有明确的质量要求和实施规范。

课程目标达成情况是质量监控的核心，也是毕业要求达成评价的依据。要以学生的课堂教学目标达成情况、单元教学目标达成情况、课程教学目标达成情况等为主要依据，对教学建立过程性、常态化的质量监控、问题分析和改进机制，及时发现教学不足予以补救，及时发现学习困难学生予以帮扶，及时对师资队伍、支持条件、管理服务等方面的不足予以优化，以此保障课程质量获得持续改进。

课程质量监控机制应根据监控客体不同，从可行性和有效性出发，明确相应的监控周期、责任主体、监控内容、评价方式和标准、反馈和改进流程。

3. 考查重点

（1）专业教学过程质量监控机制和质量要求的建设情况。

（2）专业教学过程质量监控机制的执行情况。

（3）课程目标达成情况评价的机制建设和执行情况，评价结果用于课程改进的情况。

二、《通用规范》4.6.2

1. 规范条文

建立毕业要求达成情况定期评价机制，对毕业要求达成情况进行定期评价，评价结果用于课程体系与课程设置等的持续改进。

2. 内涵说明

此处的毕业要求评价指的是达成情况评价，即专业收集体现学生三年学习成果的相关数据和信息（包括但不限于毕业成绩、课程成绩、学生反馈、教师评价、企业反馈等），通过对这些数据和信息的分析，对应届毕业生达成毕业要求的情况做出的评价。分析评价时，应针对各项毕业要求的内涵特点，选取适当的数据和信息，采用适当的方法开展分析和评价，以保障评价的信度和效度。

毕业要求达成情况评价是检验和判断专业人才培养的"输出质量"是否达到预期质量标准（即毕业要求）的关键性工作，是专业"持续改进"的基本前提。专业要根据毕业要求达成情况评价，判断学生各项能力的长处和短板，分析专业人才培养的优势和不足，以此作为课程体系设计、课程设置、教育教学活动开展等人才培养工作持续改进的依据之一。专业的毕业要求评价包括合理性评价和达成情况评价两种，要在制订毕业要求定期评价和修订机制时统筹考虑、一体化设计。毕业要求合理性评价的内涵见《通用规范》4.3.2。

3. 考查重点

（1）专业是否建立了毕业要求达成情况定期评价机制。

（2）对各项毕业要求达成度的评价方法是否合理，是否具有可操作性，是否覆盖全体学生。

（3）毕业要求达成情况定期评价机制的执行情况，以及专业根据毕业要求达成情况对课程体系、课程设置进行的改进和效果。在江苏省高职专业认证试点期间，对首次参与认证的专业，如运行周期不足，则此条可不作为考查内容。

三、《通用规范》4.6.3

1. 规范条文

建立毕业生跟踪反馈机制和行业、企业参与的社会评价机制，对培养目标达成进行定期评价，评价结果用于毕业要求等的持续改进。

2. 内涵说明

此处的培养目标评价指的是达成情况评价，即专业通过毕业生跟踪调查和用人单位调查等活动，收集毕业后 3～5 年毕业生专业和职业发展成就相关数据信息，通过对这些数据信息的分析，对毕业生培养目标达成情况做出的评价。专业开展调查时，应针对培养目标的内涵要素，确定适当的调查内容和方法，还需根据覆盖面、代表性等确定适当的调查样本，以保障调查所得能准确反映培养目标的达成情况。专业要根据培养目标达成情况评价结果，对毕业要求等人才培养工作进行系统改进。

专业的培养目标评价包括合理性评价和达成情况评价两种，要在制订培养目标定期评价和修订机制时统筹考虑、一体化设计。培养目标合理性评价的内涵见前文《通用规范》4.2.4。在学校的毕业生跟踪调查机制和用人单位调查机制中，应有与培养目标达成度调查相呼应的内容。

3. 考查重点

（1）专业是否建立了培养目标达成情况定期评价机制。

（2）学校的毕业生跟踪调查机制和用人单位调查机制中是否有与培养目标达成情况调查相呼应的内容，调查内容、方法和取样是否适当。

（3）培养目标达成情况定期评价机制的执行情况，以及专业根据培养目标达成情况对毕业要求等人才培养工作进行改进的情况。在江苏省高职专业认证试点期间，对首次参与认证的专业，如运行周期不足，则此条可不作为考查内容。

四、《通用规范》4.6.4

1. 规范条文

在质量评价和改进中，能充分利用信息技术，进行相关数据的收集、分析和诊断。

2. 内涵说明

在教学过程、毕业要求、培养目标等的质量监控、评价与持续改进中，应积极通过信息系统和信息手段，获取、汇集、积累、统计、分析相关数据，还可以利用大数据、人工智能等技术辅助人才培养各环节的达成度评价和质量诊断，为专业人才培养的持续改进提供决策参考。专业对信息技术的利用，应为其人才培养工作质量监控、评价和改进工作带来明显效益。

3. 考查重点

（1）信息技术在专业人才培养质量监控、评价和改进工作中的利用情况。

（2）信息技术在专业人才培养质量监控、评价和改进工作中的使用成效。

第七节　师资队伍

"师资队伍"由《通用规范》4.7.1—4.7.5 组成，主要是根据高等职业教育的特点和需求，对专业教师队伍的数量结构、基本能力、工作内容、工作导向、建设机制等提出要求。

一、《通用规范》4.7.1

1. 规范条文

教师队伍的数量、结构、专业背景、教学能力、实践能力、沟通能力等能满足教学需要；聘有足够的行业、企业技术人员、能工巧匠、大国工匠等担任兼职教师。专业教师中"双师型"教师占比超过 75%；学生数与本专业专任教师数之比不高于 25∶1。

2. 内涵说明

教师队伍包括专任教师和兼职教师，其数量是否满足教学需要，主要从专业在校学生数量、教学任务、教学模式等方面进行评判；教师队伍结构的合理性，主要从年龄结构、职称结构、学历结构、专兼结构、"双师型"教师占比等方面进行评判；专业背景的合理性，主要从教师专业背景与所授专业及课程的匹配度评判。教师的教学能力、实践能力、沟通能力等主要通过现场考查的听课、说课，以及和教师、学生的现场交流来判断，要注意对教学能力的考查也包括教师的师德师风和职业态度。"双师型"教师的认定按江苏省相关标准执行。

兼职教师的资质是否满足要求，主要从其就职单位、职务职位、资格证书、荣誉成就等方面评判；兼职教师的聘用是否"足够"主要从其组成、数量和承担的教育教学任务评判。专业应建有机制保障兼职教师队伍的质量和作用。

教师队伍的质量直接影响专业人才培养工作的质量，专业应对自身教师队伍建设状况、优势长处和存在不足等有全面的把握；对如何提升教师队伍质量、充分发挥教师在人才培养工作中的作用有清晰的思路和务实的举措。

3. 考查重点

（1）专业教师队伍相关状况是否全部符合本条标准所提要求。

（2）专业保障兼职教师队伍的质量和作用的机制及执行情况。

（3）专业对教师队伍建设状况的分析和提升教师队伍质量的思路、举措。

二、《通用规范》4.7.2

1. 规范条文

专业教师每5年至少有6个月的企业实践经历，具有解决企业实际问题的能力。

2. 内涵说明

专业应建有机制，对专业教师企业实践的企业、岗位、时间、时长、过程管理、考核评价等进行规范，以保障企业实践的质量和效果。对入职年限不足5年的专业教师，专业应提供证据证明其能达到每5年6个月企业实践的基本要求。对教师具有解决企业实际问题的能力，可通过横向课题、成果转化、专利申请等予以证明。

3. 考查重点

（1）专业教师企业实践机制和执行情况。

（2）专业教师解决企业实际问题的能力。

三、《通用规范》4.7.3

1. 规范条文

教师应投入足够的时间和精力用于教学和学生指导工作，并参与教学研究与改革。

2. 内涵说明

教学工作是学校的中心工作，也是教师的主要职责。教师应积极履行教书育人使命，将主要时间和精力用于教学和学生指导工作，同时要以提高教学质量为指向，积极参与教学研究与改革。专业应有可行机制，规范和保障教师对教学和学生指导工作的投入，激励教师参与教学研究与改革。专业应提供有效证据，证明教师在教学和学生指导工作中投入了足够的时间和精力，其中教学工作除了课堂教学实施外，还包括教学建设和教学质量保障的相关工作；学生指导工作包括教师为学生的全面发展和生涯规划提供的辅导、咨询和服务。

3. 考查重点

（1）专业规范和保障教师对教学和学生指导工作的投入，激励教师参与教学研究与改革的相关机制的建立情况。

（2）专业教师投入教学和学生指导工作的时间和精力是否足够。

（3）专业教师参与教学研究与改革的情况和成果。

四、《通用规范》4.7.4

1. 规范条文

教师明确自身在教学质量提升过程中的责任，参与专业培养目标、毕业要求和各类教学文件的改进和落实。

2. 内涵说明

"明确责任"主要是指教师应知晓、理解并认同其教学工作对学生毕业要求达成所承担的责任，并能自觉改进教学工作，履行提升教学质量的责任。专业应有机制保障教师能"明确责任"，提升教师履行责任的自觉性。

教师应按照专业的要求，保质保量地完成自身在专业培养目标、毕业要求和各类教学文件的改进和落实中的任务；专业对于教师在这些工作中的参与应有明确的要求。

3. 考查重点

（1）教师对自身在教学质量提升过程中的责任的知晓、理解和认同情况。

（2）专业保障教师"明确责任"、提升教师履行责任自觉性的机制、举措及实施情况。

（3）专业对教师参与专业培养目标、毕业要求和各类教学文件的改进和落实的明确要求和落实情况。

五、《通用规范》4.7.5

1. 规范条文

学校教师队伍建设机制健全，能够吸引合格的教师、指导和培养青年教师，有激励和帮助教师持续成长的有效举措。

2. 内涵说明

本条对学校支持专业师资队伍建设的政策、措施和效果提出要求。一是要有引进和激励机制，保障专业能招聘到符合专业需求的教师；二是要有青年教师指导和培养机制，助推青年教师的成长；三是要有激励和帮助教师职业发展的机制，保障教师能力提升和队伍稳定。各项政策、机制要有传达和宣讲渠道，让相应的教师群体清楚了解。

3. 考查重点

（1）学校支持专业教师队伍建设的相关机制。

（2）教师对上述机制是否了解。

（3）近3年学校支持本专业教师队伍建设的具体成效。

第八节 支 持 条 件

"支持条件"由《通用规范》4.8.1—4.8.5组成，主要对专业人才培养的设施设备、实训条件、图书资源、经费投入和管理服务等提出要求。

一、《通用规范》4.8.1

1. 规范条文

各类设施、设备能够支撑毕业要求的达成。对各类设施、设备有良好的管理、维护和更新机制，使得学生能够方便、安全地使用。

2. 内涵说明

学校和专业应为学生达成毕业要求提供足够的设施、设备，主要包括教室和教学设备、实训室和实训设备、学习生活环境、文体设施、课外活动设施和实践平台等，要为学生的专业学习、社团活动、创新实践、个性发展、素质养成等提供必要的条件。教学设施在数量、功能和管理上应能够满足课程学习和实践训练需要；其他基础设施要为学生营造良好适宜的学习生活空间，提供丰富多样的选择。

学校和专业应建有相关机制，规范各类设施、设备的管理、维护和更新，保障这些设施、设备能良好运转，满足教学和学习所需。各类设施、设备的开放、借用渠道明确、公开，方便有需求的学生使用。对各类设施、设备的使用方法、操作规程、安全规范等指导到位，保障学生能正确、安全地使用。

3. 考查重点

（1）学校和专业是否围绕毕业要求的达成，为学生提供了相应的设施、设备。

（2）教学设施在数量、功能和管理上是否满足课程学习和实践训练需要。

（3）基础设施是否为学生营造了适宜的学习生活空间，为学生的社团活动、创新实践、个性发展、素质养成等提供了丰富多样的选择。

（4）各类设施、设备的管理、维护和更新机制及执行情况。

（5）各类设施、设备的开放、借用渠道是否明确，学生是否了解。

（6）对各类设施、设备的使用方法、操作规程、安全规范等是否有明确指导，使用者是否掌握。

二、《通用规范》4.8.2

1. 规范条文

能够提供足够的校内外实训、实习岗位，保障学生实践学习需求；有与行业、企业合作共建的生产性实训环境或虚拟仿真实训环境。

2. 内涵说明

"足够的实训、实习岗位"一是指岗位和设备、设施的数量能满足学生学习需求；二是指岗位所提供的实践学习内容和学习时长符合人才培养方案和相关课程标准（课程大纲）的设计，能支撑毕业要求的达成。专业要认真落实《职业学校学生实习管理规定》等文件要求，建立健全相关机制，规范实训、实习的资源建设、组织管理、指导考核、安全保障、质量监控等工作，确保实训、实习的教学质量。

专业校内实训教学应能体现真实岗位的工作内容和要求，为此专业需与行业、企业紧密合作，通过共建生产性实训环境或虚拟仿真实训环境，将真实岗位的工作情境、工作任务、技术标准、操作规程、考核评价等引入实践教学，提升学生的"实战"或"准实战"能力。

3. 考查重点

（1）校内外实训、实习岗位的数量和质量是否满足人才培养需求。

（2）专业有关实训、实习资源建设、组织管理、指导考核、安全保障、质量监控的机制及执行情况。

（3）专业校企共建生产性实训环境或虚拟仿真实训环境的情况和使用成效。

三、《通用规范》4.8.3

1. 规范条文

图书和数字化资源能够满足学生的学习以及教师的日常教学和科研所需。

2. 内涵说明

图书和数字化资源不仅包括内容资源，也包括支持共享和使用内容资源的软硬件设施，如计算机、网络条件、资源平台等。专业应提供数量充足、种类丰富的内容资源，并接入便捷、运行稳定、传输快速的资源使用环境，以满足学生的学习需求，支撑学生达成相关毕业要求；同时还要满足教师教学、科研需求，支持教学改革和教师职业发展。对相关资源应及时更新，以保持其先进性；要规范管理，以方便师生使用。

3. 考查重点

（1）图书和数字化资源及相关软硬件设施的配置情况。

（2）图书和数字化资源在学生学习和教师教学、科研上是否发挥了应有的作用。

四、《通用规范》4.8.4

1. 规范条文

教学经费有保证，能满足教学需要。

2. 内涵说明

学校应有相关机制，保障专业教学经费的投入；日常教学经费的总量满足教学运行需求；专项经费的投入有助于专业持续改进，包括教学改革、实验室建设、师资培训等。

3. 考查重点

（1）学校教学经费预算、下拨和使用的相关制度、规定和标准。

（2）近3年专业的教学经费投入和使用情况。

五、《通用规范》4.8.5

1. 规范条文

学校和专业所在部门的教学管理与服务规范，能有效支持毕业要求的达成。

2. 内涵说明

学校和专业所在部门的教学管理与服务制度健全、流程清晰、责任明确。在制订教学管理与服务相关制度时，应以能支持全体学生毕业要求的达成为指向；教学管理与服务规范能得到切实执行，并能在管理育人、服务育人中发挥良好作用。

3. 考查重点

（1）学校和专业所在部门教学管理与服务是否规范。

（2）学校和专业所在部门的教学管理与服务，在支持专业教学质量持续改进、全体学生毕业要求达成上所起到的作用。

第三章
接受认证专业工作指南

接受认证的过程本质上是专业落实认证理念，对照认证标准，提升人才培养质量的过程；是集聚认证专家智慧，为专业诊断把脉，明确改进方向和优化蓝图的过程。专业要以接受认证为抓手，强化内涵建设的主体责任、质量意识和特色打造，组织实施好认证的各项工作。为顺利接受认证，专业需重点关注三个方面：一是要全面了解认证流程，把握各阶段、各环节的工作要求，统筹协调相关资源，有序安排工作计划。二是要深刻理解认证标准，在优化建设阶段，全面、准确梳理专业人才培养工作方面存在的不足，提高建设的针对性和有效性；在自评阶段，做好自我评价和自我举证。三是要认真配合现场考查，组织相关人员积极参与考查活动，客观呈现专业人才培养工作状况，与认证专家深入交流探讨，明确专业持续改进思路。

第一节 专业认证流程

一、认证整体工作安排

接受认证专业可以按认证专家组进校前、进校中和进校后三个时间段来组织开展相应的工作，从工作内容上主要分为专业认证申请、对标自查建设、提交自评材料、接受现场考查、接收认证结论、持续建设改进6个环节，如表3-1所示。专业应把握每个环节的时间安排和工作要点，做好相应的准备。

在整个专业认证建设过程中，秘书处将根据需要开展系列业务培训，以便接受认证专业更好地开展工作。培训主要内容包括专业认证介绍与认证规范解读、基于认证理念的人才培养方案研制与实施机制优化、自评材料的准备要点、现场考查的组织与准备等。接受认证专业需严格按照秘书处的要求，积极、有效地参与相关培训。

表 3-1　专业认证整体工作安排

时段	主要环节	时间安排	工作要点
专家组进校前	专业认证申请	每年可在以下时间段向秘书处提出专业认证申请： 上半年：1 月 1 日—1 月 31 日； 下半年：7 月 1 日—7 月 31 日	申请认证专业提交"认证申请承诺书"和"认证申请表"
	对标自查建设	**首次认证专业**：认证申请通过后的一年内 **非首次认证专业**：认证申请通过后半年内	首次接受认证的专业，需认真学习理解认证规范，逐项梳理建设现状和存在的不足，据此优化专业人才培养工作；非首次接受认证的专业，亦需对照最新认证规范，进行现状分析和建设完善
	提交自评材料	**首次认证专业：** 1 月份申请认证的专业，在次年 1 月 15 日—1 月 31 日提交；7 月份申请认证的专业，在次年 7 月 15 日—7 月 31 日提交 **非首次认证专业：** 1 月份申请认证的专业，在当年 7 月 15 日—7 月 31 日提交；7 月份申请认证的专业，在次年 1 月 15 日—1 月 31 日提交	专业根据自评报告与佐证材料准备要点，完成"自评报告"和相应佐证材料，提交秘书处
专家组进校中	接受现场考查	在专业自评材料审阅通过后开展，一般上半年安排在 3—5 月；下半年安排在 9—11 月	根据秘书处的要求，提供专家入校前所需的各类信息，做好专家入校的各项安排，配合秘书处组织、实施好现场考查的各项活动
专家组离校后	接收认证结论	在现场考查工作结束后 14 天左右，秘书处向专业转交专家组拟定的认证报告，征询其意见；7 月或 1 月认证委员会确定认证结论	（1）认真阅读认证报告，如对报告中的认证结论建议有异议，需在 10 个工作日内向秘书处提交"认证结论复议申请表"，明确申请复议的内容，并附上相关佐证材料，提请专家组复议； （2）专业如对最终认证结论有异议，需在认证结论公示期内向仲裁监督组提交书面申诉材料
	持续建设改进	收到认证结论至下个认证周期前	根据专业认证报告和认证结论，形成相应的改进举措和建设计划，持续保持和提升专业建设质量

二、专业认证申请

申请参加江苏省高等职业教育专业认证的专业需已有连续三届毕业生，且达到认证标准。其中，已有连续三届毕业生的截止计算时间以认证申请表落款时间为准。在江苏省高职专业认证试点期间进行首次认证的专业，对达到认证标准暂不要求。申请认证的流程如图3-1所示。

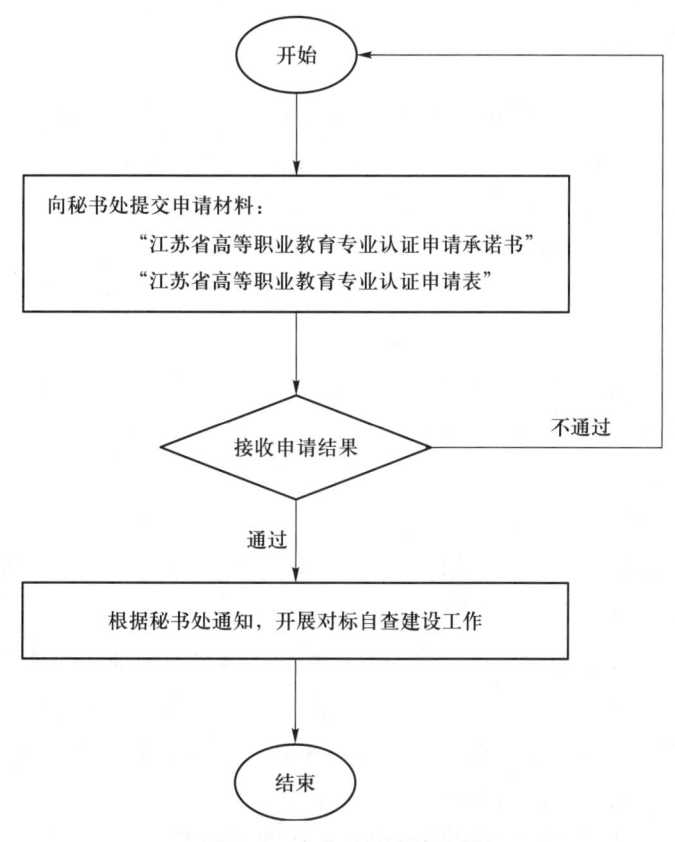

图3-1　专业认证申请流程

在每年1月1日—1月31日或7月1日—7月31日期间，申请认证专业由其所在学校向专业认证委员会秘书处提交"认证申请承诺书"和"认证申请表"。

在"认证申请承诺书"中，申请认证专业所在学校需承诺申请书内容及所有附件材料完全属实，保证专业将按照《江苏省高等职业教育专业认证实施办法（试行）》及各项文件要求，规范参与认证，严格遵守认证工作的各项纪律要求。

在"认证申请表"中，申请认证专业需如实填写近3年的招生数、在校生数和毕业生数等数据，简要介绍学校和专业的发展历程和基本概况，说明满足认证申请基本条件和达到认证标准要求的情况，并提供相关证明材料。必要时专业需配合认证委员会秘书处，对认证申请有关问题做出答复、补充说明或提供有关材料。

"认证申请承诺书"和"认证申请表"需提交纸质签名盖章件一式两份。

学校将在提交认证申请后一个月左右，收到认证委员会秘书处的申请结果及回复意见。当期受理申请通过的专业名单，也将在当年的 3 月 1 日或 9 月 1 日前后在江苏省高等教育学会官网公布。申请结论分两种：一是通过申请，专业需及时启动对标自查建设工作；二是未通过申请，认证委员会秘书处将向申请专业说明未通过的理由，专业可据此继续完善建设，在达到申请认证的基本条件后重新提出申请。

三、对标自查建设

认证申请通过后，专业需对照认证《通用规范》和相应的专业补充规范，梳理专业人才培养工作各环节存在的不足，进行优化建设。首次认证专业在认证申请通过后，需要进行一年左右的优化建设，方可进行自评工作。非首次认证专业在认证申请通过后，需进行半年左右的优化建设。

首次认证专业在对标自查建设阶段，需要完成以下具体工作：

（1）把握认证标准和工作机制，进行专业现状的对标分析。专业要全面学习江苏省高职专业认证的制度文件，对专业认证理念建立全员共识，明确认证工作流程和工作要求。专业要深入理解《通用规范》及相应专业补充规范的内涵，对照规范逐条梳理、分析专业建设现状的符合情况，明确已达成了哪些要求，体现在哪些方面，还需进行哪些内容的建设和优化，以及建设的思路和难点等。此外，专业还需要学习借鉴已认证专业的建设经验和实务案例。最后综合上述工作所得，结合学校和专业的实际情况，设计专业认证建设举措和工作方案。

（2）按照成果导向理念，优化培养方案和课程体系。专业按照成果导向"反向设计、正向实施"的逻辑，建立完善"培养目标→毕业要求→毕业要求指标点→课程教学目标→课堂教学目标"逐层细化的学习成果链；以支撑各级学习成果达成为指向，对照认证规范的相关要求，调整优化课程设置和教育教学活动，形成新版人才培养方案、课程标准（课程大纲）及相关的其他教学文件。

（3）实施新版人才培养方案，建立健全教学和服务各项机制。专业组织实施新版人才培养方案，对照认证规范的要求，全面建立和优化教育教学、学生服务、质量改进等机制，落实到人才培养的各项工作中。

非首次认证专业在对标自查建设阶段，需同步对照新版认证规范，对专业人才培养工作进行一次全面梳理和改进，特别要关注上一次认证中发现的不足是否已改进到位。

四、提交自评材料

在对标自查建设结束后，专业应进行自我总结，按照图 3-2 所示流程，提交自评报告和佐证材料。

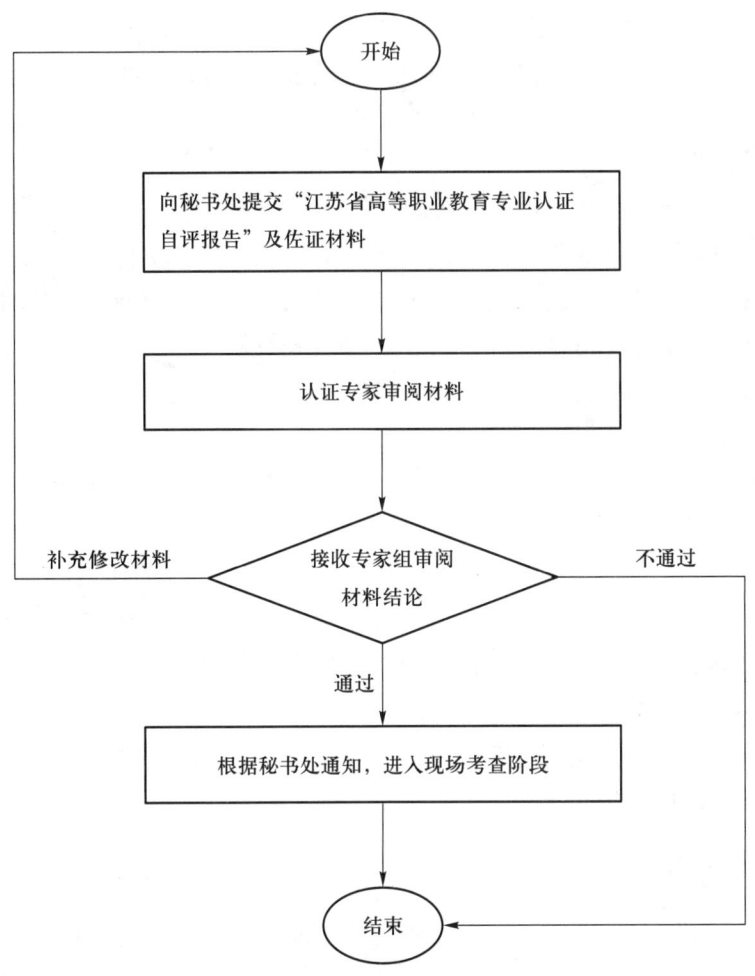

图 3-2 专业提交自评报告流程

（一）材料组成与格式

专业认证自评材料包括自评报告和佐证材料两个部分，是专业对照《通用规范》和相应专业补充规范，进行自我总结、自我评价、自我举证的重要内容，也是开展专业认证的重要依据。自评报告要逐条对照认证规范的要求，展示相关机制、做法和成效，阐述和证明人才培养工作与认证规范的符合情况；佐证材料要根据自评报告所述内容，提供相应的支撑和证明材料，如制度文件、教学文件、数据统计、档案台账、过程记录等。自评报告撰写与佐证材料准备的要点，详见本章第二节。

专业认证自评报告应严格按照"自评报告"模板撰写，用 A4 纸双面打印并装订成册，封面加盖学校公章。报告内容描述应简练准确，图表应清晰翔实，定性和定量相结合，便于认证专家对照认证标准进行审阅。

佐证材料作为自评报告内容的证明，需保证材料的真实性。佐证材料主要以电子版方式提供，应以原始纸质材料的扫描件为主。对于难以用电子版呈现的材料，应提供纸质材料索引,以便专家现场调阅。佐证材料需与认证规范条文相对应,规范编目,建立电子文件夹,文件夹名称为对应的认证规范条文编号,文件的名称为材料的具体名称。为便于检索查阅,佐证材料需提供目录清单。

(二)材料提交与审阅

对于首次认证专业,1月份申请认证的专业在次年1月15日—1月31日提交自评材料;7月份申请认证的专业在次年7月15日—7月31日提交自评材料。对于非首次认证专业,1月份申请认证的专业在当年7月15日—7月31日提交自评材料;7月份申请认证的专业在次年1月15日—1月31日提交自评材料。

提交的材料包括纸质版"自评报告"一式七份,含有电子版"自评报告"和佐证材料的U盘一式七份。

认证委员会秘书处负责将自评材料转交认证专家组审阅。专家组将根据审阅情况,形成以下三种结论之一:

(1)审阅通过。接受认证专业根据秘书处通知进入现场考查阶段。

(2)补充修改自评材料。接受认证专业根据专家组的具体要求,在接到秘书处通知7个工作日内,提交需补充和修改的材料。如材料达到专家组要求,则按审阅通过处理,如未达要求则按审阅不通过处理。

(3)审阅不通过。专业将收到相应的不通过原因说明,本次认证工作到此终止,专业可在达到要求后重新申请认证。

五、接受现场考查

现场考查一般上半年安排在3—5月、下半年安排在9—11月进行,专家组进校不超过3天。秘书处会在认证专家组入校考查前14个工作日通知学校。

现场考查专家组人员一般为5人,包括组长1名、成员4名(含秘书1名)。学校和接受认证专业应按照秘书处的要求,做好专家入校前和入校期间各项工作的组织与安排。相关工作流程和要点详见本章第三节。

六、接收认证结论

现场考查工作结束后14天左右,秘书处将认证专家组拟定的认证报告转交专业,征询意见。学校和专业应认真阅读认证报告,如对专家组的认证结论建议有异议,需在10个工作日内向秘书处提交"认证结论复议申请表",说明申请复议的内容和原因,并提交相关佐证材料,提请专家组复议。

认证委员会于每年1月和7月召开全体会议,集中审议、确定当期认证专业的认证结论。专业如对认证结论有异议,需在认证结论公示期内向认证委员会仲裁监督组提交书面申诉材料,详细陈述理由,提供相应的佐证材料,并积极配合仲裁监督组对申诉内容的调查工作。对仲裁监督组最终所做的调查结论,专业应予接受。

七、持续建设改进

从接受认证结论到下个认证周期前，专业应持续开展专业建设改进，根据认证结论的不同，改进工作分为三种情况：

（1）认证结论为"通过认证，有效期5年"的，专业应按认证规范保持各项机制的有效运行，直至下一个认证周期。

（2）认证结论为"通过认证，有效期3年"的，专业应重点针对认证报告中的"基本符合"项和专家组的改进建议，梳理存在不足，列出详细整改计划。在江苏省高职专业认证试点期间进行首次认证的专业，还需特别关注在认证中暂不需提供的内容，健全完善相关机制，做好机制的落实运行，以持续保持专业认证状态，提升人才培养工作质量。

（3）认证结论为"认证不通过"的，专业应深入研究认证报告中的"不符合""基本符合"项和专家组的改进建议，全面对照认证规范，优化专业认证建设。建设满一年后，方可重新向秘书处提交再认证申请。

第二节 自评材料要点

专业的自评材料是专业进行自我评价和自我举证的重要载体，需对照《通用规范》和相应专业补充规范的认证要求逐条予以阐述和呈现。以下按照《通用规范》的认证要求，提出自评报告和佐证材料的准备要点，供专业在准备自评材料时参考。专业应在深刻理解认证标准内涵的基础上，如实客观地总结和展示建设状况和建设创新，充分证明人才培养各项工作与认证规范的符合情况。

一、学生发展

（一）《通用规范》4.1.1

1. 规范条文

建立符合职业教育特点的，能吸引适合生源的制度措施。

2. 自评报告要点

（1）学校和专业有关招生的工作制度、要求和举措，特别是在保障生源充足性上的机制、举措和成效。

（2）专业在准确把握生源状况上的机制、举措；专业近三年的生源规模、组成、质量等发展情况。如生源呈现多样化，还需说明专业为保障不同生源能适应专业学习要求所采取的机制、举措和成效。

（3）专业在提高考生和学生对专业的认知度和认可度上的机制、举措和成效。

3. 佐证材料要点

（1）能印证自评报告内容的相关制度文件、工作方案等。

（2）近三年招生情况一览表，含招生计划、报录数据、报到数据等。

（3）近三年专业生源质量调查数据和分析报告。在江苏省高职专业认证试点期间，首次认证专业可只提供近一年的材料。

（4）近三年在校生专业认可度调查数据和分析报告。在江苏省高职专业认证试点期间，首次认证专业可只提供近一年的材料。

（5）与自评报告内容相关的其他证明材料。

（二）《通用规范》4.1.2

1. 规范条文

建立学习激励、学业指导、职业规划、就业指导、心理辅导等方面的机制，并有效落实。

2. 自评报告要点

（1）专业在激励学生学习行为方面的机制、举措和实施情况。

（2）专业向学生解读培养目标、毕业要求、培养方案、课程标准（大纲）等的机制、举措和实施情况，以帮助学生了解学习目标、内容和要求；专业要求教师及时开展学习指导的机制、举措和实施情况，以帮助学生理解教学内容、掌握学习方法、解决学习困难。

（3）专业在指导学生职业规划和就业工作上的机制、举措和实施情况。

（4）专业在服务学生心理健康方面的机制、举措和实施情况。

（5）专业服务学生全面发展的其他服务机制、举措和实施情况。

（6）专业落实立德树人根本任务和"三全育人"要求，围绕毕业要求的达成，教学、学工、管理等团队形成育人合力的协同机制、举措和实施情况。

3. 佐证材料要点

（1）能印证自评报告内容的相关制度文件、工作方案等。

（2）近三年落实各项服务机制和举措的证明性材料。在江苏省高职专业认证试点期间，首次认证专业可只提供近一年的材料。

（3）学生对各项服务满意度的调查情况。

（4）与自评报告内容相关的其他证明材料。

（三）《通用规范》4.1.3

1. 规范条文

对学生在整个学习过程中的表现进行跟踪与评估，建立过程性评价机制，促进和保障学生毕业时能达到毕业要求。

2. 自评报告要点

（1）专业对学生毕业的管理规定及近三年的毕业率。

（2）围绕毕业要求的达成，专业对学生个体的学业情况进行跟踪和评估的机制、举措及实施情况。

（3）专业对学业有困难的学生进行预警和帮扶的机制、举措及实施情况。

（4）围绕课程教学目标的达成，专业在课程教学中开展过程性评价的机制、举措及实施情况。

3. 佐证材料要点

（1）能印证自评报告内容的相关制度文件、工作方案等。

（2）近三年落实学业跟踪和评估、预警和帮扶、课程过程性评价等机制、举措的证明性材料。在江苏省高职专业认证试点期间，首次认证专业可只提供近一年的材料。

（3）与自评报告内容相关的其他证明材料。

（四）《通用规范》4.1.4

1. 规范条文

建立完善的学生学习成果认定、积累和转换机制。

2. 自评报告要点

（1）专业有关学生学习成果认定、积累和转换的制度、规则、程序和实施情况，以证明相关学分认定的合理性和严谨性。

（2）各类学习成果的认定和转换的依据，以证明所认定的学分在支撑毕业要求上的等效性。

3. 佐证材料要点

（1）专业的学分认定、积累和转换制度。

（2）近三年学生学分认可、积累和转换制度的实施记录。在江苏省高职专业认证试点期间，首次认证专业可只提供近一年的材料。

（3）与自评报告内容相关的其他证明材料。

二、培养目标

（一）《通用规范》4.2.1

1. 规范条文

培养目标须贯彻党的教育方针，落实立德树人根本任务，培养德智体美劳全面发展的社会主义建设者和接班人。

2. 自评报告要点

（1）专业培养目标。

（2）阐释专业培养目标的内涵，并说明在专业培养目标中是如何贯彻党的教育方针、落实立德树人根本任务的。

（3）专业在思想政治教育常态化、制度化、系统化方面的建设情况。

3. 佐证材料要点

（1）专业思想政治教育常态化、制度化、系统化建设的相关证明材料。

（2）与自评报告内容相关的其他证明材料。

（二）《通用规范》4.2.2

1. 规范条文

培养目标应体现高职教育的培养特色，符合学校定位，适应区域社会经济的发展需求。

2. 自评报告要点

（1）专业培养目标与高职教育培养特色、学校办学定位、区域社会经济发展等内外部需求的符合情况。

（2）专业人才培养需求的调研分析机制、举措和实施情况。调研分析的内容至少应包括高职教育的培养要求、学校的办学定位及特色、区域相关产业发展情况、典型用人单位和就业岗位需求情况、应届毕业生就业情况、毕业5年左右的毕业生职业发展情况等。

3. 佐证材料要点

（1）专业人才培养需求调研分析相关制度文件、工作方案和实施材料。

（2）近三年专业的人才培养需求调研分析报告；在江苏省高职专业认证试点期间，首次认证专业可只提供近一年的材料。

（3）与自评报告内容相关的其他证明材料。

（三）《通用规范》4.2.3

1. 规范条文

培养目标明确、公开，能够为学生、教师、行业、企业、校友等利益相关方所理解和认同。

2. 自评报告要点

（1）专业面向学生、教师、行业、企业、校友等利益相关方公开培养目标的渠道。

（2）专业促进各利益相关方理解和认同培养目标的举措。

3. 佐证材料要点

（1）专业公开培养目标的证明材料。

（2）专业促进各利益相关方理解和认同培养目标举措的实施证明材料。

（3）与自评报告内容相关的其他证明材料。

（四）《通用规范》4.2.4

1. 规范条文

培养目标的制订、定期评价与修订机制健全；有行业、企业、校友参与培养目标的制订、评价和修订工作。

2. 自评报告要点

（1）专业培养目标的制订机制，包括制订流程、组织机构、人员组成、工作要求等，需着重说明专业是如何保障各利益相关方参与讨论、表达意见、达成共识的。

（2）专业培养目标的定期评价与修订机制，包括评价与修订的周期、依据、流程、组织机构、人员组成、工作要求等。

（3）专业培养目标制订、定期评价与修订机制的实施情况。在江苏省高职专业认证试点期间，首次认证的专业可只说明培养目标制订机制的实施情况。

3. 佐证材料要点

（1）专业培养目标制订、评价与修订的相关制度文件、工作方案等。

（2）专业培养目标制订、定期评价与修订的过程性材料。

（3）与自评报告内容相关的其他证明材料。

三、毕业要求

（一）《通用规范》4.3.1

1. 规范条文

毕业要求明确、公开、可衡量，能够支撑培养目标的达成，并在学生培养全过程中得到分解落实。

2. 自评报告要点

（1）专业毕业要求和毕业要求相关指标点。

（2）专业毕业要求对培养目标的支撑关系。

（3）专业面向学生、教师、行业、企业、校友等利益相关方公开毕业要求的渠道。

（4）专业促进教育教学团队及学生对毕业要求理解和认同的举措。

3. 佐证材料要点

（1）专业公开毕业要求的证明材料。

（2）专业促进教育教学团队及学生对毕业要求理解和认同举措的实施证明材料。

（3）与自评报告内容相关的其他证明材料。

（二）《通用规范》4.3.2

1. 规范条文

毕业要求的制订、定期评价与修订机制健全；有行业、企业、学生、校友参与毕业要求的制订、评价和修订工作。

2. 自评报告要点

（1）专业毕业要求的制订机制，包括制订流程、组织机构、人员组成、工作要求等，需着重说明专业是如何保障各利益相关方参与讨论、表达意见、达成共识的。

（2）专业毕业要求的定期评价与修订机制，包括评价与修订的周期、依据、流程、组织机构、人员组成、工作要求等。

（3）毕业要求制订、定期评价与修订机制的实施情况。在江苏省高职专业认证试点期间，首次认证专业可只说明毕业要求制订机制的实施情况。

3. 佐证材料要点

（1）专业毕业要求制订、评价与修订的相关制度文件、工作方案等。

（2）毕业要求制订、定期评价与修订的过程性材料。

（3）与自评报告内容相关的其他证明材料。

（三）《通用规范》4.3.3

1. 规范条文

毕业要求应包括以下内容：

规范 4.3.3.1　知识储备：掌握必要的基础学科知识、专业知识以及人文和科学知识，能将其用于解决生产、建设、管理、服务等一线工作中的实际问题。

规范 4.3.3.2　问题解决：能够分析生产、建设、管理、服务等一线工作中的实际问题，并能设计与实施相应的解决方案；具备解决问题必需的技术技能和创新能力。

规范 4.3.3.3　工具使用：能够选择和使用适当的现代技术工具和信息工具，解决生产、建设、管理、服务等一线工作中的实际问题。

规范 4.3.3.4　社会责任：践行社会主义核心价值观，能够认知并履行自身对社会文明建设、生态文明建设、文化传承、法治建设等方面的责任。

规范 4.3.3.5　职业规范：理解并遵守相关职业道德和规范，履行岗位职责；具备严谨专注、敬业专业、精益求精的职业态度。

规范 4.3.3.6　团队合作：能够在工作团队中承担成员或负责人的角色；能够运用团队成员或负责人必备的项目管理知识和方法。

规范 4.3.3.7　沟通交流：能够与同事、业内同行及社会公众进行有效沟通和交流；尊重多元文化和不同观点。

规范 4.3.3.8　终身学习：具备自主学习能力和终身学习意识。

2. 自评报告要点

（1）填写"专业毕业要求及指标点与规范对应表"，呈现毕业要求和毕业要求指标点与本条规范所提出的 8 项基本内容的对应关系。

（2）对毕业要求和毕业要求指标点在内容上涵盖、程度上不低于规范的情况作必要说明。

3. 佐证材料要点

与自评报告内容相关的证明材料。

四、课程体系

（一）《通用规范》4.4.1

1. 规范条文

课程设置能支持毕业要求的达成，课程体系设计有行业、企业专家参与。

规范 4.4.1.1　公共基础课程的设置符合国家有关规定，将思想政治理论课、体育、军事课、心理健康教育等课程列为公共基础必修课，将马克思主义理论类课程、党史国史、中华优秀传统文化、职业发展与就业指导、创新创业教育、信息技术、语文、数学、外语、健康教育、美育课程、劳育课程、职业素养等列为必修课或限定选修课。

规范 4.4.1.2　专业课程内容要紧密联系生产劳动实际和社会实践，体现相应职业岗位（群）的能力要求，突出应用性和实践性，注重学生职业能力和职业精神的培养。

规范 4.4.1.3　实践教学学时不少于总学时的 50%；与企业合作开展实习、实训，学生岗位实习时间不少于 6 个月。开设毕业设计等综合项目课程，且选题要结合本专业的岗位实际问题，体现岗位的技术技能要求，培养学生的职业意识、协作能力和综合应用能力。综合项目课程的指导和考核应有行业、企业专家参与。

规范 4.4.1.4　专业总学时数不低于 2 500；公共基础课程学时不少于总学时的 1/4；选修课学时不少于总学时的 10%。

2. 自评报告要点

（1）填写"课程对毕业要求支撑矩阵表"，呈现课程设置对专业毕业要求的支撑关系；以图表或其他适当形式说明必修课程的先行后续关系。

（2）专业课程体系开发的机制，如组织机构、人员组成、开发流程、工作要求等；具体说明最近一次课程体系设计或修订中行业企业专家参与情况，包括参与专家姓名、单位、参与方式、发挥的作用等。

（3）各类课程学时分布及占比情况。

（4）专业公共基础课程的设置对照规范要求的符合情况。

（5）专业课程校企共建的机制及建设成效；以 1～2 门专业核心课程为例，具体说明课程内容是如何紧密联系生产劳动实际和社会实践，体现相应职业岗位（群）的能力要求，突出应用性和实践性，注重学生职业能力和职业精神培养。

（6）专业与企业合作开展实习、实训的情况，含开设时间、时长、内容等。

（7）专业开设毕业设计等综合项目课程的情况，说明其组织、选题、指导、评价等方面的机制和要求；具体说明最近一年行业、企业专家参与综合项目课程的指导和考核情况。

（8）专业为保障学生掌握解决生产、建设、管理、服务等一线工作中实际问题的能力，对课程体系所进行的总体设计，包括各类课程所承担的任务，以及对课程内容、教学模式、考核方式等所进行的相应设计等。

3. 佐证材料要点

（1）专业人才培养方案。

（2）"课程对毕业要求支撑矩阵表"。

（3）专业课程设置、课程体系开发的相关制度文件、工作方案等。

（4）校企共建课程的证明性材料。

（5）专业学生在企业实习、实训的制度文件、工作方案和实施记录；近一年学生参加企业实习、实训情况一览表，包括参加学生姓名、年级、班级、实习实训类型、时间、承担企业、考核结果等。

（6）专业毕业设计等综合项目课程组织管理的制度文件。

（7）最新一届学生毕业设计等综合项目课程的情况一览表（含学生、选题、指导老师、成绩等信息）和全套样本（含开题报告、过程记录、考核评价等内容，按成绩选取高、中、低各两个样本）。

（8）与自评报告内容相关的其他证明材料。

（二）《通用规范》4.4.2

1. 规范条文

建有课程体系定期评价、优化和课程标准（课程大纲）定期审查、修订机制，保障课程体系能支撑毕业要求，课程内容能及时跟进产业发展趋势和岗位发展需求。

2. 自评报告要点

（1）专业课程体系的定期评价、优化机制及实施情况和成效。在江苏省高职专业认证试点期间，首次认证专业可只说明机制方面的建设情况。

（2）专业课程标准（课程大纲）的定期审查、修订机制，及其实施情况和成效。

3. 佐证材料要点

（1）专业课程体系定期评价、优化和课程标准（课程大纲）定期审查、修订的相关制度文件、工作方案等。

（2）专业开展课程体系定期评价和优化工作的证明材料。在江苏省高职专业认证试点期间，首次认证专业无须提供该材料。

（3）专业开展课程标准（课程大纲）定期审查和修订工作的证明材料。

（4）与自评报告内容相关的其他证明材料。

五、教学实施

（一）《通用规范》4.5.1

1. 规范条文

课程教学目标明确、公开、可衡量，能够支撑毕业要求的达成；课堂教学内容、教学方法和评价方式能支撑课程教学目标的达成。

2. 自评报告要点

（1）填写"课程支撑毕业要求指标点明细表"，呈现课程对毕业要求指标点的具体支撑情况。

（2）专业保障课堂教学能支撑课程教学目标达成的机制、举措。

（3）专业保障全体任课教师能够准确理解所授课程教学目标和教学设计的机制、举措和实施情况。

（4）面向学生公开和解读课程教学目标的机制、举措和实施情况。

3. 佐证材料要点

（1）专业课程标准或课程大纲汇编。

（2）专业课程教案样本，每门课程提供1套。在江苏省高职专业认证试点期间，首次认证专业如有尚未实施的新开设课程，该课程的教案无须提供。

（3）学生作业、试卷、报告、期末考核材料样本，每门课程按成绩高、中、低各提供2份样本。在江苏省高职专业认证试点期间，首次认证专业尚未实施的课程无须提供。

（4）专业保障全体任课教师能够准确理解所授课程教学目标和教学设计的制度文件、工作要求等。

（5）面向学生公开课程和宣讲课程教学目标的制度文件、工作要求等。

（6）与自评报告内容相关的其他证明材料。

（二）《通用规范》4.5.2

1. 规范条文

课程教学体现正确的价值导向，各类课程与思政课程同向同行，形成协同效应；体现先进的教育思想和教学理念，遵循学生认知规律。

2. 自评报告要点

（1）专业思政课程建设和课程思政落实的情况和成效。

（2）填写"课程思政设计一览表"，呈现各门课程的思政育人目标、支撑的毕业要求指标点和相关教学设计，所支撑的毕业要求指标点要包含在课程支撑的毕业要求指标点之中。

（3）专业运用先进教育思想和教学理念，开展课程教学改革的情况和成效。

3. 佐证材料要点

与自评报告内容相关的证明材料。

（三）《通用规范》4.5.3

1. 规范条文

课程教学文件规范、完整，能够指导教学活动的实施。

2. 自评报告要点

（1）专业课程教学文件的组成。

（2）专业保障课程教学文件规范、完整的机制、举措和实施情况。

3. 佐证材料要点

（1）专业保障课程教学文件质量的制度文件、工作要求、规范模板等。

（2）专业近一年的课程教学文件，如与已提供的相关佐证材料有重复，可列出材料指向。

（3）与自评报告内容相关的其他证明材料。

（四）《通用规范》4.5.4

1. 规范条文

能合理运用信息技术、数字资源、信息化教学设施设备等提高教学成效。

2. 自评报告要点

（1）专业合理运用信息技术、数字资源、信息化教学设施设备等，开展教学改革和教学建设，提高教学成效的情况和成效。

（2）专业提高教师信息化教学能力的举措和成效。

3. 佐证材料要点

与自评报告内容相关的证明材料。

六、持续改进

（一）《通用规范》4.6.1

1. 规范条文

建立教学过程质量监控机制，主要教学环节有明确的质量要求；定期开展课程目标达成情况评价，评价结果用于课程质量的持续改进。

2. 自评报告要点

（1）专业教学过程质量监控、评价和持续改进机制的建设情况；用列表等方式呈现各主要教学环节的质量监控周期、责任主体、监控内容、评价方式和标准、反馈和改进流程等；教学环节包括培养方案制订，教学大纲制订、课程教学、课程考核、实训实习、毕业设计等。

（2）专业教学过程质量监控机制的执行情况和成效。

（3）课程目标达成情况评价机制，包括评价的组织和周期、评价数据的组成和来源、评价的方式方法、评价结果的使用等。

（4）课程目标达成情况评价机制的实施情况；基于评价结果对课程质量进行改进的情况。

3. 佐证材料要点

（1）专业教学过程质量监控、评价和持续改进的相关制度文件、工作要求等。

（2）体现专业主要教学环节质量要求的相关制度文件、规范标准等。

（3）近一年专业开展教学过程质量监控、评价和持续改进工作的证明材料。

（4）课程目标达成情况评价相关的制度文件；近三年专业开展课程目标达成情况评价，并基于评价结果对课程质量进行分析和改进的运行材料。在江苏省高职专业认证试点期间，首次认证专业可只提供近一年的材料。

（5）与自评报告内容相关的其他证明材料。

（二）《通用规范》4.6.2

1. 规范条文

建立毕业要求达成情况定期评价机制，对毕业要求达成情况进行定期评价，评价结果用于课程体系与课程设置等的持续改进。

2. 自评报告要点

（1）专业毕业要求达成情况定期评价机制，包括评价的组织和周期、评价数据的组成和来源、评价的方式方法、评价结果的使用等。其中，评价数据的组成和来源、评价的方式方法请按照毕业要求或毕业要求指标点逐一列出。

（2）专业毕业要求达成情况定期评价机制的落实，以及基于评价结果对课程体系、课程设置等进行分析和改进的情况。在江苏省高职专业认证试点期间，首次认证专业无须说明。

3. 佐证材料要点

（1）专业毕业要求达成情况定期评价的制度文件、工作方案等。

（2）近三年专业开展毕业要求达成情况评价，并基于评价结果对课程体系、课程设置等进行分析和改进的运行材料。在江苏省高职专业认证试点期间，首次认证专业无须提供。

（3）与自评报告内容相关的其他证明材料。

（三）《通用规范》4.6.3

1. 规范条文

建立毕业生跟踪反馈机制和行业、企业参与的社会评价机制，对培养目标达成进行定期评价，评价结果用于毕业要求等的持续改进。

2. 自评报告要点

（1）学校的毕业生跟踪调查和行业、企业调查机制中，有关培养目标达成度评价相关信息和数据的调查设计，包括调查内容、方法和取样等。

（2）培养目标达成情况定期评价机制，包括评价组织和周期、评价数据的组成和来源、评价的方式方法、评价结果的使用等。

（3）专业培养目标达成情况定期评价机制的落实，以及基于评价结果对毕业要求、毕业要求指标点等进行分析和改进的情况。在江苏省高职专业认证试点期间，首次认证专业无须说明。

3. 佐证材料要点

（1）专业毕业生跟踪调查和行业、企业调查的相关制度文件、工作方案与调研分析报告等。

（2）专业培养目标达成情况定期评价的制度文件、工作方案等。

（3）近三年专业开展专业培养目标达成情况评价，并基于评价结果对毕业要求、毕业要求指标点等进行改进的证明材料。在江苏省高职专业认证试点期间，首次认证专业无须提供。

（4）与自评报告内容相关的其他证明材料。

（四）《通用规范》4.6.4

1. 规范条文

在质量评价和改进中，能充分利用信息技术，进行相关数据的收集、分析和诊断。

2. 自评报告要点

专业在人才培养质量监控、评价和改进工作中，应用信息技术进行相关数据收集、分析和诊断的情况和成效。

3. 佐证材料要点

与自评报告内容相关的证明材料。

七、师资队伍

（一）《通用规范》4.7.1

1. 规范条文

教师队伍的数量、结构、专业背景、教学能力、实践能力、沟通能力等能满足教学需要；聘有足够的行业、企业技术人员、能工巧匠、大国工匠等担任兼职教师。专业教师中"双师型"教师占比超过 75%；学生数与本专业专任教师数之比不高于25：1。

2. 自评报告要点

（1）以表格形式呈现专业教师队伍的数量、结构、专业背景等满足教学需求的情况，包括兼职教师的资质、数量等满足教学需求的情况。

（2）专业专任教师队伍的建设机制、举措和成效。

（3）专业保障兼职教师队伍质量和作用的机制、举措和成效。

（4）专业对教师队伍建设状况的分析、判断，持续提升教师队伍质量的思路、举措。

3. 佐证材料要点

（1）专业教师队伍建设的相关制度文件和实施情况证明材料。

（2）专业教师（含兼职教师）电子档案。

（3）近一年专业教师（含兼职教师）承担教育教学任务一览表。

（4）与自评报告内容相关的其他证明材料。

（二）《通用规范》4.7.2

1. 规范条文

专业教师每五年至少有 6 个月的企业实践经历，具有解决企业实际问题的能力。

2. 自评报告要点

（1）专业教师企业实践的机制及执行情况。

（2）专业提升教师解决企业实际问题能力的其他机制、举措及实施情况。

（3）专业教师参与横向课题、成果转化、专利申请等的情况。

（4）能证明专业教师具备解决企业实际问题能力的其他情况。

3. 佐证材料要点

（1）专业教师企业实践的相关制度文件、工作要求和实施证明材料。

（2）专业提升教师解决企业实际问题能力的相关制度文件、工作要求和实施证明材料。

（3）近三年专业教师参与横向课题、成果转化、专利申请一览表及相关证明材料。

（4）与自评报告内容相关的其他证明材料。

（三）《通用规范》4.7.3

1. 规范条文

教师应投入足够的时间和精力用于教学和学生指导工作，并参与教学研究与改革。

2. 自评报告要点

（1）专业规范和保障教师投入教学和学生指导工作的机制、举措。

（2）专业激励教师参与教学研究与改革的机制、举措。

（3）以表格形式呈现近三年教师承担教学任务、指导学生、参与教学研究与改革的情况。

3. 佐证材料要点

（1）专业规范以及保障教师投入足够的时间和精力用于教学和学生指导的制度文件、工作方案等。

（2）专业激励教师参与教学研究与改革的制度文件、方法举措及实施证明材料。

（3）与自评报告内容相关的其他证明材料。

（四）《通用规范》4.7.4

1. 规范条文

教师明确自身在教学质量提升过程中的责任，参与专业培养目标、毕业要求和各类教学文件的改进和落实。

2. 自评报告要点

（1）专业要求教师立德树人、树立良好师德师风的机制、举措及实施成效。

（2）专业促进教师明确和履行自身教学责任的机制、举措及实施情况。

（3）专业对教师参与专业培养目标、毕业要求和各类教学文件的改进和落实的工作要求和落实情况。

3. 佐证材料要点

（1）专业树立良好师德师风的相关制度文件、工作方案和实施成效证明等。

（2）专业促进教师明确和履行自身教学责任的相关制度文件、工作方案和实施材料等。

（3）近三年专业教师参与专业培养目标、毕业要求和各类教学文件制（修）订的情况一览表。在江苏省高职专业认证试点期间，首次认证专业可只提供近一年的材料。

（4）与自评报告内容相关的其他证明材料。

（五）《通用规范》4.7.5

1. 规范条文

学校教师队伍建设机制健全，能够吸引合格的教师，指导和培养青年教师，有激励和帮助教师持续成长的有效举措。

2. 自评报告要点

（1）学校在支持专业师资队伍建设上的政策和措施，主要呈现在引聘专业教师、指导培养青年教师、激励帮助教师职业发展方面的内容。

（2）学校对师资队伍建设相关政策、机制的传达和宣讲渠道。

（3）近三年学校支持本专业教师队伍建设取得的成效。

3. 佐证材料要点

（1）学校支持专业师资队伍建设的相关制度文件、工作方案等。

（2）与自评报告内容相关的其他证明材料。

八、支持条件

（一）《通用规范》4.8.1

1. 规范条文

各类设施、设备能够支撑毕业要求的达成。对各类设施、设备有良好的管理、维护和更新机制，使得学生能够方便、安全地使用。

2. 自评报告要点

（1）以表格形式呈现专业为学生提供的设施、设备情况，并说明所提供的设施和设备在支撑毕业要求的达成，满足学生课程学习、实践训练、社团活动、创新实践、个性发展、素质养成等方面需求的情况。

（2）专业对各类设施、设备的管理、维护和更新机制。

（3）专业为学生能够方便、安全地使用各类设施、设备所采取的措施。

3. 佐证材料要点

（1）专业对各类设施、设备的维护、更新、安全和开放管理的相关制度文件、工作方案、规范要求等。

（2）专业各类教学设施、设备的维护、更新、安全和开放管理的实施证明材料。

（3）与自评报告内容相关的其他证明材料。

（二）《通用规范》4.8.2

1. 规范条文

能够提供足够的校内外实训、实习岗位，保障学生实践学习需求；有与行业、企业合作共建的生产性实训环境或虚拟仿真实训环境。

2. 自评报告要点

（1）以表格形式呈现专业为学生提供的校内外实训、实习岗位的基本情况，如工位数、实训设备配备情况、承担的实训教学任务、实习岗位名称、承担的实习教学任务、指导教师配备情况等，并说明其满足学生实践学习需求的情况。

（2）专业校内实践教学的资源建设、教学改革、安全保障、质量监控等方面的机制、举措和实施情况。

（3）专业校外实习工作的组织管理、资源建设、指导考核、学生安全和权益保障、质量监控等方面的机制、举措和实施情况。

（4）专业与行业、企业合作共建生产性实训环境或虚拟仿真实训环境的情况和成效。

3. 佐证材料要点

（1）专业校内实践教学建设和校外实习工作的相关制度文件、工作方案、规范要求、合作协议等。

（2）近一年校内实训室（基地）的使用情况统计表。在认证现场考查时提供使用记录台账备查。

（3）近一年校外实习基地的使用情况统计表。

（4）与自评报告内容相关的其他证明材料。

（三）《通用规范》4.8.3

1. 规范条文

图书和数字化资源能够满足学生的学习以及教师的日常教学和科研所需。

2. 自评报告要点

（1）专业图书和数字化资源及相关软硬件设施的配置情况。

（2）学生和教师对图书和数字化资源的使用情况。

（3）图书和数字化资源建设、管理和使用的机制。

3. 佐证材料要点

（1）图书和数字化资源建设、管理和使用相关的制度文件等。

（2）与自评报告内容相关的其他证明材料。

（四）《通用规范》4.8.4

1. 规范条文

教学经费有保证，能满足教学需要。

2. 自评报告要点

（1）以表格形式呈现近三年专业教学经费的投入和使用情况。

（2）日常教学经费对专业教学运行的保障情况。

（3）教学改革、实验室建设、师资培训等专项经费对专业持续改进的保障情况和投入成效。

3. 佐证材料要点

（1）学校教学经费预算、下拨和使用的相关制度、规定和标准。

（2）与自评报告内容相关的其他证明材料。

（五）《通用规范》4.8.5

1. 规范条文

学校和专业所在部门的教学管理与服务规范，能有效支持毕业要求的达成。

2. 自评报告要点

（1）学校和专业所在部门在教学管理与服务方面的制度建设和执行情况。

（2）学校和专业所在部门为有效支持毕业要求达成，在教学管理与服务上所进行的制度设计及其成效。

3. 佐证材料要点

（1）学校和专业所在部门有关教学管理与服务的制度汇编。

（2）与自评报告内容相关的其他证明材料。

第三节   现场考查组织

一、考查工作准备

接受认证的学校和专业需为认证专家组的现场考查工作做好准备，提供必要的联络人员、工作场地和信息资料，主要要求如下。

1. 联络人员

（1）配备学校层面联络员 1 名。一般由学校负责专业认证工作的职能部门领导担任，需熟悉认证工作要求，了解学校和专业的认证建设情况。其职责包括：对接认证委员会秘书处，配合完成专家组入校前的信息提供和资料准备，协调安排专家组入校的各项事宜；对接专家组秘书，及时响应专家组的工作要求，协调安排现场考查的各项活动，为专家组的认证工作提供必要的支持。

（2）配备专业层面联络员 1 名。由熟悉接受认证专业情况的人员担任，主要负责专家组现场考查期间与专业相关的具体事务，如相关人员的联系和组织、课堂教学考查活动的安排、实地走访活动的安排等，以及在专家组查阅资料时提供必要的说明和解释等。

2. 工作场地

（1）在专家组入住的宾馆备有可容纳 8 人的会议室 1 间，用于专家组入住当天的预备会和考查第一天晚间的碰头会。会议室需配有投影设备、打印机、A4 打印纸、公用计算机 1 台以及必要的办公文具。

（2）在校内安排专家集体工作室 1 间，用于专家查阅资料、整理工作记录、进行工作研讨、召开内部会议等，专业自评材料亦陈列于此。工作室需配有投影设备、打印机、A4 打印纸、公用计算机 1 台以及必要的办公文具。

（3）在校内安排专家访谈室 3 间，用于专家组与各类人员的访谈。

为便于认证工作的开展，专家组的校内工作场地建议安排在专业所在区域；要根据专家组的工作日程，提前安排好各类会议和集体访谈的会议室。

3. 信息资料

除在专家工作室提供全套纸质自评材料外，还需在专家组召开预备会时提供以下资料：

（1）教学类：接受认证专业教学作息时间表、现场考查第一天的课程表、专业校内实训室（基地）信息表等。

（2）人员类：专家组见面会参加人员名单（含姓名、职务等信息，下同）、意见反馈会参加人员名单、学校领导和职能部门主要负责人名单、接受认证专业的院系负责人员及专业教师名单（含专业所有课程的任课教师、学生管理团队教师）、专业学生名单（含年级、班级、学号等信息）、用人单位代表访谈备选名单（含单位、职务等信息）、校友代表访谈备选名单（含毕业年级、就业单位、岗位职务等信息）等。

二、考查活动安排

专家组的现场考查活动可分为考查前的预备、考查实施和考查后的反馈三个主要环节，主要工作流程和工作内容见表 3-2。专家组的考查工作任务繁重、时间紧凑，学校和专业需配合专家组的要求，统筹安排好各项活动，以便现场考查工作能高效、有序完成。

表 3-2　现场考查阶段专业主要工作一览表

（注：本表中的时间安排和工作内容需根据认证专家组的实际工作安排进行调整和细化）

日期	时间	考查活动	工作内容	相关人员
进校前一天	16:00 前	专家报到	安排专家入住宾馆	联络员
	18:00 — 20:30	专家组预备会	提供课程表、相关人员名单等材料，根据专家组现场考查工作安排，通知相应人员参加现场考查活动	
进校第一天上午	8:30 — 9:00	专家组见面会	组织相应人员参加会议，听取专家组向学校介绍考查目的、要求和详细计划，并做出相应安排	学校主要领导、相关职能部门负责人、接受认证专业的院系负责人、专业负责人和专业教师代表
	9:00 — 11:30	课堂教学考查	安排专家组听课事宜	相关教师
		材料查阅	配合专家查阅资料	联络员
进校第一天下午	13:30 — 17:00	人员访谈（1）	根据专家组的要求，组织、安排好各类人员的访谈	（1）专业负责人 （2）专业课教师代表（5 名） （3）公共基础课教师代表、学生管理团队教师代表（各 2 名） （4）在校生代表（10 名） （5）专业所在院系负责人

续表

日期	时间	考查活动	工作内容	相关人员
进校第一天下午	13:30—17:00	人员访谈（1）	根据专家组的要求，组织、安排好各类人员的访谈	（6）用人单位代表、校友代表（各不少于2名）
		实地走访	根据专家组的要求，安排、引导实地走访活动，时间控制在1个小时以内	相关人员
		材料查阅、专家其他工作	配合专家查阅资料，如有需追加访谈或其他活动，配合专家组开展	联络员
进校第一天晚上	19:00—20:00	专家组碰头会	（1）根据专家组的要求，如有需补充说明的事项，组织提交书面说明 （2）根据专家组第二天的考查计划做相应安排	联络员
进校第二天上午	8:30—11:30	人员访谈(2)	根据专家组的要求，组织、安排好各类人员的访谈	（1）分管教学的校领导 （2）教务处负责人员 （3）学工处负责人员 （4）专家组要求的其他人员
		材料查阅、专家其他工作	配合专家查阅资料，如有需追加访谈或其他活动，配合专家组开展	联络员
进校第二天下午	13:30—16:00	专家组内部会议	配合专家组提供相应材料，完成相关工作	联络员
		意见反馈会	安排相应人员参加意见反馈会，听取考查意见和后续工作要求。会议时长控制在30分钟之内	学校主要领导、相关职能部门负责人、接受认证专业的院系负责人、专业负责人、专业教师代表

（一）考查工作预备阶段

1. 专家入住考查地宾馆

现场考查前一天下午，专家组成员自行前往指定宾馆。学校需派人员安排专家组入住，与专家组秘书沟通预备会事宜。

2. 为专家组预备会提供材料

入住当晚专家组召开预备会，交流自评材料审阅阶段的意见，明确考查计划、考查要点、具体的考查步骤和分工。学校需派人员配合专家组预备会的要求提供相关材料，并及时根据专家组讨论结果，确定现场考查工作安排的相关信息，通知相关人员参加第二天的现场考查活动。

（二）考查现场查验阶段

1. 组织召开专家组见面会

专家组见面会是学校与专家组的第一次见面会，由专家组组长主持，时长在 30 分钟以内。学校需组织主要领导、相关职能部门负责人、接受认证专业的院系负责人和专业负责人、教师代表等参加会议，听取专家组向学校介绍考查目的、要求和主要活动，交流相关工作，及时进行相应安排。如专业负责人需对自评材料进行补充说明，则安排负责人的补充汇报。

2. 安排课堂教学考查

专家组将从专业考查期间的课表中随机抽取不少于两门课程进行课堂教学考查，其中至少有一门为专业实践课程或理实一体化课程。专业应在不影响教师正常授课的情况下，组织安排好考查活动，并提醒授课教师在听课结束后，需接受专家的简短交流。

3. 安排各类深度访谈

专家组根据学校提供的名单，随机抽取教师、学生、校友代表、用人单位代表、专业负责人和其他相关人员，进行个别访谈或集体访谈。访谈主要围绕认证理念的贯彻、认证规范的理解、各项机制的落实与成效、毕业要求的达成情况、专业提升人才培养的适应性等方面开展，专业需按照专家组的要求，做好访谈活动的安排。

在访谈对象的确定上，专家组对教师的选择会考虑职称、年龄等的均衡分布；对在校生的选择会考虑年级、班级、成绩等方面的均衡分布，首次认证专业在一、二年级学生中抽选。专业在推荐用人单位代表时，应选择与专业有长期用人合作的、并在业内有一定代表性的单位，所推荐人员应了解或参与过专业的人才培养工作，了解专业毕业生的职业表现。专业所推荐的校友应为毕业 3～5 年的校友，且在专业领域从事相关工作。对校外人员的访谈可根据实际情况，采取在线访谈等形式。

4. 配合材料查阅工作

专家组将根据考查过程中的问题进行相关材料的查阅与核验。学校和专业需安排人员配合材料的调取、说明等工作。

5. 安排实地走访活动

根据专家组的要求，学校要设计好实训室、图书馆等场所的实地走访路线，配备好引导人员，实地走访活动的时长控制在 1 个小时左右。

6. 配合专家组碰头会

专家组将在第一天晚间召开碰头会，交流第一天考查情况，提出学校需要增补说明的事项，确定第二天的考查安排。专业需及时响应专家组的要求，安排好相关工作。

（三）考查总结反馈阶段

1. 配合专家组内部会议

完成现场考查各项活动后，专家组将召开内部会议，讨论、汇总认证意见。学校应派员配合会议需要，提供相关材料。

2. 组织召开意见反馈会

在专家组离校前召开意见反馈会，会议由专家组组长主持，会议时长控制在 30 分钟之内。学校需组织主要领导、相关职能部门负责人、接受认证专业的院系负责人和专业负责人参加会议，听取专家组对专业建设的意见建议以及后续工作安排的说明。

三、迎接考查要求

现场考查既是专家真实感受和客观评价专业人才培养工作对标情况的重要方式，也是专业与专家面对面交流、听取专家对专业人才培养工作把脉诊断后提出意见和建议的宝贵机会，学校和专业要充分珍惜和利用这一机会，更为深入地审视人才培养工作的优点和不足，为后续进一步提升人才培养工作水平和培养质量奠定基础。学校和专业应按照以下要求，迎接认证和现场考查活动。

1. 常态对待认证

（1）组织管理常态。学校和专业应以平和心态，真实反映人才培养工作的实际状态和存在的问题，使专家进校工作更具指导性、针对性和实效性，从而获得更多的帮助和更大的改进。从校领导到院系负责人、再到专业师生，均应把专业认证作为一次常态化体检，作为一次发现问题、推进持续改进的机遇来对待，不搞突击应付。

（2）教学秩序常态。维护正常教学秩序是保障现场考查工作顺利进行的前提，认证工作要按照教学计划保持常态，不应因专家组进校而调整，如更改教学进程、变更课程安排、更换任课教师等。

（3）认证材料常态。学校和专业必须保证佐证材料等相关材料真实可靠，必须保证教学文件的原始性与真实性，做到不虚构、不编造，若发现认证材料有弄虚作假的现象，将终止认证。对没有存档或者有问题的数据或者材料，可向专家进行补充说明。

（4）对待专家常态。现场考查是专家组通过查阅材料、实地走访、听课看课等考查技术，对专业进行的一次全面的诊断，旨在帮助专业找出建设过程中的短板和问题，提出改进的意见与建议。学校和专业要处理好与专家的关系，以平常心态对待专家考查工作；与专家真诚平等地进行沟通交流，能够直面专家的问题与质疑，不掩盖存在的问题，坦诚地进行解答或补充说明；不干预专家的考查与独立判断，让专家能够开出有效的诊方，以帮助专业持续改进，使认证真正起到作用，不断提高专业办学质量和水平。

（5）宣传工作常态。要本着真实、正面和常态的原则，进行专家进校考查的宣传报道，重在宣传认证的理念、方法和意义。不渲染、不造势，不张贴欢迎标语等。

2. 主动配合考查

（1）配合开好专家组见面会、专业汇报交流会和意见反馈会。这是专家组现场考查期间最重要的三次会议，对于整个认证工作的高质量完成至关重要。学校应积极配合专家组开好会议，按照专家组的要求布置好会场；组织好参会人员，保持会场秩序良好；做好会议音视频的记录和存档。

（2）做好引导协调工作。校方应尽可能为专家工作提供方便，统筹好场地、材料、人员等的安排和协调，如专家临时变更考查方式或内容，应充分尊重专家意见，积极予以配合。

（3）合理安排专家组生活。应本着饮食卫生、营养，住宿安静、方便的原则，以合规、不干扰专家为前提，做好专家组生活的组织安排。专家组入驻的宾馆应在学校附近且符合国家相关规定，如校内有条件适合的宾馆，应优先安排在校内宾馆入住。为方便专家工作的开展，一般应为专家安排单间。专家组就餐应安排在学校食堂或入住宾馆，以自助餐或配餐方式为宜，须严格执行会议餐费标准，控制陪同人员，不安排烟酒，不搞任何形式的宴请。学校人员特别是校领导一般不陪餐。

3. 做好资料留存

学校和专业可以对现场考查的重要活动进行图片、文字和音像等类型的记录，重点要做好专家组意见反馈会的录音记录与整理。各类记录用作资料留存，不得上传至互联网、不得外传。

第四章
认证专家工作指南

认证专家是开展高职专业认证的重要力量，负责认证工作的具体实施。认证专家的聘任和使用按照《江苏省高等职业教育专业认证专家管理办法（试行）》实施。在具体开展认证时，认证委员会根据接受认证专业的情况，从认证专家库中选择适合的专家，组建认证专家组。认证专家组一般由 5 名专家组成，设置组长 1 名、专家组秘书 1 名（由专家组成员兼任）。

认证专家的主要任务是对照《通用规范》和相应专业补充规范，对专业人才培养工作进行诊断性考查，判断专业人才培养工作与规范的符合情况，据此拟定专业认证报告，提出认证结论建议，对专业后续优化建设提出意见、建议。

认证工作主要包括审阅自评材料、开展现场考查、拟定认证报告三个环节。其中，审阅自评材料是通过专业提交的书面材料来了解专业对标建设情况，形成认证的初步判断，重在了解专业的机制建设、教育教学设计、教育投入等静态状况；现场考查是通过到专业现场查看、与相关人员访谈等来进一步了解专业对标建设情况，查验相关问题，确认专业建设成效，印证或修正认证判断，重在了解机制运行和教育教学实施的动态状况及成效。

为顺利开展认证工作，保障认证质量，认证专家应熟练掌握《通用规范》以及相应专业补充规范的内涵，熟悉认证工作程序和工作要求，严格按照各个环节的时间安排和工作要点（见表 4-1），认真开展各项工作。

表 4-1　认证专家整体工作安排

主要环节	时间安排	工作要点
审阅自评材料	收到自评材料后 30 个工作日内完成审阅工作；如有补充修改材料，收到材料后 7 个工作日内完成再次审阅工作。自评材料审阅结论明确后 7 个工作日内，完成现场考查工作计划制订	按要求审阅自评材料，填写"自评材料专家审阅意见表"和"现场考查工作意向表"提交给秘书处；填写"自评材料专家审阅记录表"，留存备查

续表

主要环节	时间安排	工作要点
开展现场考查	入校报到当晚	召开专家组预备会，交流自评材料审阅意见，明确考查要点和考查活动具体安排，统筹工程计划和分工，形成"现场考查工作安排表"
	入校考查期间（2天）	（1）按照"现场考查工作安排表"有序开展相关考查活动，随时填写"现场考查专家工作记录表"； （2）现场考查过程中，如有需学校补充说明的事项，则在考查第一天晚间提出"现场考查说明事项单"，由学校补充说明； （3）现场考查活动结束后，综合"自评报告审阅记录表"和"现场考查专家工作记录表"内容，形成"专家个人认证意见表"； （4）专家组汇总认证意见，讨论形成"专家组离校反馈意见书"，反馈给专业；讨论确定认证报告的主体内容，投票表决认证结论建议，填写"专家组认证结论表决表"，供撰写认证报告使用
拟定认证报告	现场考查工作结束后14个工作日内；如遇专业对认证报告有异议，在收到专业异议材料10个工作日内提交复议结论	（1）汇总认证情况和认证意见，确定认证结论建议，拟定"专业认证报告"； （2）在认证报告意见征询阶段，如遇专业申请复议，专家组根据专业提交的书面意见和佐证材料进行复议，形成"认证结论复议意见表"

第一节　审阅自评材料

一、审阅工作任务

自评材料是专业的自我总结和自我举证，审阅自评材料是专业认证的关键工作之一。认证专家需通过审阅专业自评报告和佐证材料，全面了解接受认证专业的建设情况；根据认证基本理念和认证标准的内涵要求，初步判断专业人才培养各方面工作符合规范的程度；结合自评材料审阅与后续现场考查的不同方式和功能，明确现场考查阶段需关注的问题和需重点考查的内容。在自评材料审阅过程中，要完成以下工作任务。

1. 审阅自评材料，确定审阅意见

秘书处将专业自评材料（含自评报告纸质稿一份、佐证材料电子稿一份）分发给认证专家。认证专家需在收到材料后的 30 个工作日内，完成审阅工作，形成整体审阅结论，填写"自评材料专家审阅意见表"提交给秘书处。认证专家的审阅结论可分为三种：

（1）自评材料符合相关要求，审阅通过。自评报告能按照模板撰写，内容完备，要素齐全，能客观翔实反映专业人才培养工作状况；佐证材料条目清晰、内容完整、真实、有效，能支撑自评报告所述内容。专业通过自评材料进行了较好的自我总结和自我举证，可以进入现场考查阶段。

（2）自评材料基本符合相关要求，需补充或修改自评材料。自评材料有少量内容不符合撰写模板和自评材料要点的规定，或佐证材料对自评报告内容的支撑有少量缺项，且这些内容和缺项会影响认证判断。对此种情况，专家需在"自评材料专家审阅意见表"中列明专业需补充或修改的内容和材料清单，由秘书处汇总后转交给专业。专业需在接到清单后的 7 个工作日内完成补充或修改工作。专家在接到补充材料后的 7 个工作日内，第二次提交"自评材料专家审阅意见表"，作出新的结论。第二次提交的审阅意见只分"审阅通过"和"审阅不通过"两种。

（3）自评材料不符合相关要求，审阅不通过。对自评材料与要求差距较大、无法在短期内得到改善，或自评材料的内容显示专业人才培养工作多处不符合认证规范要求、尚不具备进入现场考查阶段条件的，给予审阅不通过结论，本次认证工作到此终止。对此种情况，专家需在"自评材料专家审阅意见表"中说明审阅不通过的具体原因。

认证专家审阅结论出现不一致的，以超过半数专家的结论为最终结论。

2. 做好审阅记录，形成初步判断

专家在审阅材料的过程中，要按照规范条款逐项审阅自评报告和佐证材料，确定专业在该条款上的优点、不足和需进一步考查的内容，初步判断专业人才培养工作的规范符合情况，填写"自评材料专家审阅记录表"。填写该表是审阅结论确定、现场考查计划制订、认证结论确定等环节的前提性、基础性工作，专家需按照该表所提示的要素，认真审阅，慎重判断，清晰填写，及时修正。专家需将该表携带至现场考查环节备查，待认证工作全部完成后，再提交秘书处归档。

3. 理清重点问题，确定考查意向

专家在完成自评材料审阅后，要根据审阅记录，从整体上进一步分析、判断专业的建设状况，确定现场考查阶段需要重点考查、了解和印证的问题，形成现场考查工作思路。专家需结合现场考查各项活动的具体功能，列出各项活动的考查关注点；针对各类访谈人员，列出相应的访谈提纲或访谈问题。在此基础上，专家填写"现场考查工作意向表"，在自评材料审阅结论明确后的 7 个工作日内提交给秘书处。秘书处将汇总专家的考查意向，交由认证专家组秘书进行现场考查的前期准备。

二、材料审阅要点

1. 分类把握自评材料的审阅重点

专业自评材料由自评报告和佐证材料组成，其中自评报告是专业对照认证规范，逐条阐述落实规范所采取的具体做法和实施效果的总结性文字，一般涉及机制举措、实施情况、实施成效等几类内容；佐证材料是为印证自评报告所述内容真实所提供的证明性材料，一般包括制度文件、工作方案、实施数据、实施材料等几类。各条规范所对应的自评报告和佐证材料的重点内容在第三章第二节"自评材料要点"中有具体要求，认证专家需提前予以了解。在审阅时可根据材料的不同类别，关注不同的重点。

自评报告重点审阅的内容包括：

（1）审阅机制举措。所谓机制，指针对特定目的而制订的一套制度、职责、方法和流程；举措是指行为、举动、措施、做法等。江苏省高职专业认证旨在通过认证活动引导专业建立人才培养质量生成体系和质量保障体系，因此对落实规范要求、建立长效机制和形成有效举措特别重视。在审阅机制、举措时要注意，不仅要考查其制订了哪些制度，还要考查这些制度的制订目的、实施方法和流程、人员配备和分工、举措的具体做法等。此外，机制与举措应该是稳定、连续、常态化的，专业不能将暂时的做法当作机制和举措。

（2）审阅实施情况。在审阅对某项机制、举措或工作实施情况的描述时，要注意考查实施的广度和深度，以判断所述内容是否真正得到实施。如自评报告要点中提及需要说明的情况，要考查专业是否予以说明。

（3）审阅实施成效。在审阅某项机制、举措或工作实施成效的描述时，要注意考查因实施所获得的增量和改进，以判断所述机制、举措是否有效。其中，要特别注意那些用只能惠及少数人的"标志性成果"来体现实施成效的，如果该项机制、举措、工作应该是面向专业全体学生或全体教师的，仅有标志性成果则不能说明其实施成效。

（4）审阅相关表单。为便于专业展示建设情况，自评报告模板中已预先设计了一批表单，在审阅这部分内容时，要注意专业不能自行变更表单的设计，表单中要求填写的各项内容不能漏填。

佐证材料重点审阅的内容包括：

（1）审阅制度文件。制度文件一般需提供签章完备的原文扫描件。审阅制度文件时，应关注文件的内涵、时间等与自评报告所述是否一致，是否符合相应规范的要求。如是围绕某一工作主题提供的系列文件，还要关注各项制度文件之间是否存在矛盾。

（2）审阅工作方案。工作方案类材料包括为落实某项工作而制订的方案、计划、安排等，在审阅该类材料时要注意其原始性，对于明显是后补的材料不予采纳。

（3）审阅实施数据。实施数据一般以数据统计表或数据明细表的形式呈现，在审阅时要关注数据之间的逻辑关系。

（4）审阅证明材料。证明材料的内涵宽泛，凡是专业认为可以支撑、证明自评报告内容的材料均可纳入。在审阅这类材料时，一要注意材料与自评报告内容的关联性，证明材料并非越多越好，能真正起到印证作用的才是有效材料；二是要注意材料的原始性，如各种工作记录、过程性工作材料、样本材料等均应该提供原始文本的扫描件。

2. 深入考查自评材料内涵的符合情况

自评材料审阅的重点不在于查看材料的有无，而在于判断自评材料所呈现的专业人才培养工作与对应的认证规范在内涵上的符合度。认证专家在审阅材料时，应充分把握认证规范的内涵要求，准确地对照规范分析专业人才培养工作的优点、不足和有待进一步考查的问题。为此，认证专家不仅要认真完成相应的业务培训，还需对本书第二章《江苏省高等职业教育专业认证通用规范》解读"和第三章第二节"自评材料要点"进行仔细研读，熟悉有关内容，以便在审阅材料时予以参照。

江苏省高职专业认证虽然对专业人才培养工作的各个环节提出了基本质量要求，但没有就专业必须采取哪些具体做法提出硬性规定，鼓励专业在对标建设中积极创新、因地制宜，充分考虑学校和专业的办学传承、个性特色和客观条件，形成适合自身的建设机制和举措。专家在审阅材料时，应充分尊重专业的校本化创新，要将材料放到接受认证专业和学校的具体情境中去考查，客观灵活、实事求是地判断其符合规范程度，不可机械地用某一专业的做法去衡量其他专业是否合规。

3. 整体考查认证理念的贯彻情况

专业认证的三个基本理念既是认证规范的设计主线，也是专业对标建设需要贯彻的主导思想。从本质上看，专业对标建设的过程就是将"以学生为中心""以成果为导向""质量持续改进"三个理念转化为具体的质量标准、管理机制、工作流程和行为规范的过程。无论是审阅自评材料，还是现场考查，认证专家都不应孤立地去判断各条规范的符合情况，而要建立起整体观和系统观，综合考查相关规范的对应材料，去分析相应理念是否得到了贯彻和落实。

《通用规范》所提出的8个方面31条规范对认证理念的落实是各有侧重的，其主要关系如表4-2所示。

表4-2   认证理念与《通用规范》条款对应表

认证理念	《通用规范》内容	对应《通用规范》条款编号
以学生为中心	4.1 学生发展	4.1.1、4.1.2、4.1.3、4.1.4
	4.5 教学实施	4.5.2、4.5.4
	4.7 师资队伍	4.7.3
	4.8 支持条件	4.8.1、4.8.2、4.8.3、4.8.5

续表

认证理念	《通用规范》内容	对应《通用规范》条款编号
以成果为导向	4.2 培养目标	4.2.1、4.2.2、4.2.3、4.2.4
	4.3 毕业要求	4.3.1、4.3.2、4.3.3
	4.4 课程体系	4.4.1、4.4.2
	4.5 教学实施	4.5.1、4.5.2、4.5.3
	4.7 师资队伍	4.7.1、4.7.2、4.7.4、4.7.5
	4.8 支持条件	4.8.1、4.8.2、4.8.3、4.8.4、4.8.5
持续质量改进	4.2 培养目标	4.2.4
	4.3 毕业要求	4.3.2
	4.4 课程体系	4.4.2
	4.6 持续改进	4.6.1、4.6.2、4.6.3、4.6.4

需要说明的是，专业认证的三个基本理念在《通用规范》中的体现实际上是互相融合、难以切分的。上表只是为了便于把握认证重点，按照各条规范的内涵侧重，列出了与认证理念的主要关系，有部分规范条款同时体现了两个或三个理念的内涵。在认证工作中，专家可以根据上表所示，以认证理念为主线综合考查相关规范的落实情况。认证理念的考查重点如下：

（1）"以学生为中心"理念，强调的是学校和专业要尊重和激发学生的学习主体性，要围绕服务全体学生达成学习成果、实现全面发展这个中心目标，提供足够的教育教学服务，包括教学设计与服务、学习指导、学习资源与条件、学习环境、管理服务等。《通用规范》中"学生发展""教学实施""师资队伍""支持条件"等方面的 11 条认证要求，主要体现了这一理念。在审阅相关规范的对应材料时，应着重考查专业的相关机制、举措和工作是否面向全体学生，是否关切到学生的真实需求，对促进学生达成学习成果起到了切实作用，是否激发了学生学习的主观能动性，以及是否在教学、学工、管理、服务等团队中达成了"以学生为中心"的共识，全员协同配合，共同落实"三全育人"。

（2）"以成果为导向"理念，提出了"反向设计、正向实施"的人才培养实施思路，强调专业应从内外部需求分析出发，建立"培养目标→毕业要求→毕业要求指标点→课程教学目标→课堂教学目标"自上而下逐级分解、自下而上逐级支撑的教学目标链（学习成果链），要围绕各级教学目标的实现和学生毕业要求的达成，提供相应的教育教学活动，配置足够的教学资源和支持条件。《通用规范》中"培养目标""毕业要求""课程体系""教学实施""师资队伍""支持条件"等方面的 21 条认证要求，主要体现了这一理念。在审阅"培养目标""毕业要求""课程体系""教学实施"等方面相关规范的对应材料时，一要注重专业对人才培养内外部需求的调查和分析是否同步、准确，二要注重考查其教学目标链（学习成果链）的构建是否一以贯之、得到逐级分解落实。在审阅"师资队伍""支持条件"等方面相关规范的对应材料时，要重点关注专业为学生提供的各类资源和服务是否足够保障人才培养方案的全面实施，以及是否足以支撑全体学生达成毕业要求。

（3）"持续质量改进"理念，要求专业建立长效的质量监控和保障体系，以学生的学习成果达成度为依据，对人才培养工作进行全过程的跟踪与评价，并及时根据评价结果，动态改进相应工作，保障教育目标与内外部需求的吻合、教学活动与教育目标的吻合。《通用规范》中"培养目标""毕业要求""课程体系""持续改进"等方面的7条认证要求，主要体现了这一理念。在审阅相关规范的对应材料时，要着重考查培养目标、毕业要求、课程体系、教学实施等各个层面的质量监控周期、责任主体、监控内容、评价方式、标准依据、反馈流程、改进闭环等是否要素完备，设计是否科学合理，设计思路是否一致有序，对质量评价结果的诊断分析是否科学，对分析结果的反馈和改进是否及时、有效，以及是否有效利用了信息技术助力质量监控和诊断改进工作。

三、材料常见问题

如果专业对认证理念、规范内涵的理解或落实不到位，在自评材料中必然会出现相应的不足和问题，从这些不足和问题中，专家可以倒推出现场考查的关注点。以下列出一些常见问题，供专家在审阅材料时参考。

1. 学生发展

（1）自评报告中仅列举了专业招生数据的变化情况，缺少原因分析或分析不到位，对生源状况准确把握度不够；缺少对在校生专业的认知度、认可度提升方面的机制举措（对应《通用规范》4.1.1）。

（2）自评报告中所列举的职业规划、就业指导、心理辅导等各项学生服务机制和相关工作队伍没有形成育人合力，存在各自为政的情况（对应《通用规范》4.1.2）。

（3）对学生的学业跟踪与评估只是关注了学生的课程总评成绩（或期末成绩），对课程学习过程中的跟踪和评估不足（对应《通用规范》4.1.3）。

（4）在各类学习成果的认定和转换的实际操作中，规则不够清晰，没有考虑对支撑专业毕业要求方面的"等效""等价"原则（对应《通用规范》4.1.4）。

2. 培养目标

（1）培养目标没有着眼于学生毕业后5年左右的职业和专业发展状态（对应《通用规范》4.2.1）。

（2）专业人才培养需求调研分析机制流于形式，调研深度、广度不够，分析不够准确，或分析结论与培养目标和毕业要求的制（修）订缺乏关联（对应《通用规范》4.2.2）。

（3）专业有面向学生、教师、行业、企业、校友等利益相关方公开培养目标的举措，但主要以被动展示为主，缺乏向教师和学生等教学主体的主动宣讲机制（对应《通用规范》4.2.3）。

（4）行业、企业、校友参与培养目标制订、评价和修订存在问题，主要有两种情况：一是虽有外部利益相关方参与，但是参与度不够、范围覆盖度不足或代表性不足，未能真实客观反映外部需求；二是对外部利益相关方意见的调研结果分析不足，简单粗糙，直接采用，存在以偏概全的现象（对应《通用规范》4.2.4）。

3. 毕业要求

（1）毕业要求的表述不明确、难以衡量，大量使用诸如"一定的""勇于创新""追求卓越"等程度不清晰、内涵不具体、无法测量和评价的词汇（对应《通用规范》4.3.1）。

（2）毕业要求合理性评价机制流于形式，评价活动不科学，分析不到位，分析结果与毕业要求的修订缺乏关联；或毕业要求的修订过于随意，缺乏充足依据（对应《通用规范》4.3.2）。

（3）专业毕业要求及毕业要求指标点，在内涵上未能涵盖《通用规范》中所列内容，或在程度上低于规范要求（对应《通用规范》4.3.3）。

（4）毕业要求指标点的分解向上未能全面支撑毕业要求，或向下未能与课程和教学对接；毕业要求指标点的表述内涵不具体、程度不清晰，无法直接指导课程的教学设计和评价（对应《通用规范》4.3.3）。

4. 课程体系

（1）课程体系缺乏系统设计，虽然提供了课程与毕业要求指标点的支撑矩阵表，但表中对应关系经不起推敲，尤其是对于素养类的毕业要求支撑缺乏思考，比较随意，科学性不够（对应《通用规范》4.4.1）。

（2）针对解决"生产、建设、管理、服务等一线工作中的实际问题"，专业开设的毕业设计等综合项目课程存在不足：一是课程对毕业要求的支撑过低，只能覆盖半数以下毕业要求，对解决工作中实际问题所需的"综合性"体现不足；二是选题空洞或过时，结合本专业的岗位实际问题和岗位最新技术体现度不够；三是仅关注学生专业能力的培养，在教学组织、考核方式和评分标准等方面，忽略了对学生职业意识、协作能力、综合应用能力的培养；四是在课程的指导和考核中，行业、企业专家实际参与任务不具体，作用发挥不明确；五是课程的学习成果不能支持体现学生具有解决"一线工作中实际问题"的能力（对应《通用规范》4.4.1.3）。

（3）专业课程体系的定期评价和优化机制开展不实：一是针对课程体系的评价缺乏科学性；二是仅有评价机制，缺少优化改进机制，没有形成闭环；三是针对课程体系的优化举措不到位（对应《通用规范》4.4.2）。

（4）课程标准（课程大纲）缺少定期评价机制，或修订的依据科学性不足，审查工作流于形式（对应《通用规范》4.4.2）。

5. 教学实施

（1）"课程支撑毕业要求指标点明细表"中反映出课程的成果导向逻辑存在不足：一是课程教学目标描述不合理，与毕业要求指标点缺乏对应关系；二是课程教学内容、教学方式与课程教学目标的针对性、匹配性不足，不能支持课程全部教学目标的实现；三是课程考核方式不能覆盖全部教学目标，或者未针对教学目标设计考核内容与评价标准，考核结果不能有效反映课程教学目标的达成情况（对应《通用规范》4.5.1）。

（2）面向学生公开和宣讲课程教学目标的机制、举措不够实，实施不够到位（对应《通用规范》4.5.1）。

（3）专业缺少保障全体任课教师能够准确理解所授课程教学目标和教学设计的机制或举措（对应《通用规范》4.5.1）。

（4）专业课程的思政育人目标与其本身的教学目标存在脱节现象（对应《通用规范》4.5.2）。

6. 持续改进

（1）教学过程质量监控的方式、评价及标准没有重点关注学生的课程目标达成情况，质量监控方式仍以传统的督导、课堂听课为主，评价标准陈旧单一，仅关注了教师的课堂表现，没有关注学生的学习情况（对应《通用规范》4.6.1）。

（2）对教学过程质量监控结果缺少分析或分析不到位，分析没有用于教学改进，没有形成闭环（对应《通用规范》4.6.1）。

（3）毕业要求达成情况的评价方式单一，无法体现学生在全部教育教学活动中所表现出的能力状况，对评价结果缺乏科学分析，分析结论未切实用于课程体系、课程设置等的改进。（对应《通用规范》4.6.2）。

（4）毕业生跟踪反馈机制及行业、企业参与的社会评价机制存在不足：一是毕业生跟踪调查覆盖面不够，样本量不足或取样不科学；二是行业、企业的调查随机性大，典型性不足，结果不可靠；三是对评价结果缺乏科学分析，分析结论未切实用于毕业要求等的改进，没有形成闭环（对应《通用规范》4.6.3）。

7. 师资队伍

（1）对教师队伍数量、结构和各项能力是否满足教学需求缺乏合理的分析，存在教师队伍凑数现象，专业教学支撑度不够（对应《通用规范》4.7.1）。

（2）兼职教师队伍方面存在的问题：一是以岗位实习指导教师为主，对兼职教师实际承担的教学工作情况介绍不够具体，兼职教师队伍发挥作用不明显；二是缺乏促进兼职教师队伍质量提升的机制和举措，队伍建设成效不明显（对应《通用规范》4.7.1）。

（3）专业教师企业实践的管理机制粗放，缺乏有效的考核评价，无法保障实践质量和效果（对应《通用规范》4.7.2）。

（4）缺乏对教师在教学和学生指导工作、教学研究与改革等方面的基本要求或门槛设定，没有清晰地说明保障教师能投入足够精力的制度举措（对应《通用规范》4.7.3）。

（5）专业对教师履行教学责任、参与教学文件改进和落实的要求不清晰、不到位，缺乏制度保障（对应《通用规范》4.7.4）。

8. 支持条件

（1）各类设施、设备的开放、借用渠道不够明确，对使用方法、操作规程、安全规范等也缺乏指导，不方便学生使用（对应《通用规范》4.8.1）。

（2）校内外实训、实习岗位所提供的实践学习内容、学习时长与人才培养方案和相关课程的要求不匹配，对专业毕业要求的支撑不足（对应《通用规范》4.8.2）。

（3）校外实习工作的管理机制不健全，存在组织管理松散、资源建设和指导考核不到位、质量监控流于形式、学生利益和安全保障不足等问题（对应《通用规范》4.8.2）。

（4）学校和专业所在部门的教学管理与服务制度偏于管理的角度，未能关切和响应学生的需求，不能体现"以学生为中心"的理念（对应《通用规范》4.8.5）。

第二节 开展现场考查

一、现场考查安排

现场考查是专业认证的另一项关键工作，认证专家要通过到专业现场开展专业汇报与交流、课堂教学考查、深度访谈、材料查阅、实地走访等活动，进一步查验自评材料中存在的问题，了解自评材料中未能反映的情况，确认专业建设成效，判断专业人才培养工作符合规范的程度。现场考查时长一般不超过3天，其中在校内考查时间一般不超过2天，时间紧凑、任务繁重，专家组需在组长的统筹领导下，精心做好考查工作计划和分工，科学运用考查技术，高效协同完成考查任务。专家组的主要工作如表4-3所示，表中的时间安排和工作内容可根据认证工作的具体情况进行调整。

表4-3 现场考查阶段专家组主要工作一览表

日期	时间	活动	内容	备注
进校前一天	16:00 前	专家报到	自行到学校安排的宾馆报到	
	18:00 —20:30	专家组预备会	形成"现场考查工作安排表"，通知学校联络员	

续表

日期	时间	活动	内容	备注
进校第一天	8:30 — 9:00	专家组见面会	专家组向学校介绍考查目的、要求和工作计划，与学校交换意见；听取专业负责人对自评材料的补充汇报	专业负责人仅针对自评材料中需补充说明的内容进行汇报，如没有需要补充说明的内容，则无须汇报
	9:00 — 11:30	课堂教学考查	考查不少于两门课程的现场教学，并与授课教师进行交流	由专家组在学校提交的课程表中抽选，所考查课程中，至少有1门为实践类课程或理实一体化课程 考查时间可根据课程上课时间调整
		材料查阅	专家组查阅相关材料	
	13:30 — 17:00	人员访谈（1）	访谈专业负责人 访谈专业课教师代表（5名） 访谈公共基础课教师代表、学生管理团队教师代表（各2名） 访谈在校生代表（10名） 访谈专业所在院系负责人 访谈用人单位代表、校友代表（各不少于2名）	（1）访谈的各类教师代表由专家组在教师名单中随机抽选，抽选时需考虑教师职称、年龄等的均衡分布 （2）在校生代表由专家组在专业学生名单中随机抽选，抽选时需考虑学生年级、班级、成绩等方面的均衡分布。首次认证专业在一、二年级学生中抽选 （3）用人单位代表、校友代表由专业按要求推荐，专家组审核确认。用人单位应为与专业有长期用人合作的单位，在业内有一定的代表性；校友应为毕业3—5年的校友。该类人员访谈可根据实际情况，采取在线访谈等形式

续表

日期	时间	活动	内容	备注
进校第一天	13:30 — 17:00	实地走访	专家组根据考查需要，走访专业的教学、实训、学习等场所	重点考查专业有代表性的实训室、学生的实践创新训练场所等，由专业提供相关清单，专家组确定走访地点。走访时长控制在1个小时以内
		材料查阅、专家其他工作	专家组根据需要调阅相关材料、整理工作记录等	
	19:00 — 20:00	专家组碰头会	交流首日考查情况和感受，讨论发现的问题，如有需要学校补充说明的事项，则提出"现场考查说明事项单"，由学校作出书面说明	
进校第二天	8:30 — 11:30	人员访谈（2）	与学校领导、职能部门相关人员进行访谈	分管教的学校领导、教务处负责人、学工处负责人必须访谈，其余人员由专家组自行确定；如有第一天未及安排的访谈活动，也可安排在此时间开展
		材料查阅、专家其他工作	专家组根据需要调阅相关材料、填写"专家个人认证意见表"等	
	13:30 — 16:30	专家组内部会议	（1）专家组交流认证意见建议，形成"专家组离校反馈意见书"（2）专家组投票表决专业的规范符合情况，明确认证结论建议，讨论确定专业认证报告的主体内容	
		意见反馈会	反馈认证考查意见和建议，说明后续工作安排	反馈会时长控制在30分钟之内
	16:30	专家组离校		

（一）考查工作预备阶段

1. 考查报到

进校前一天，专家组成员自行前往指定宾馆报到，其中兼任秘书的专家因要进行晚间专家组预备会的准备工作，应提前计划好报到时间，留足工作所需。

2. 召开预备会

报到当晚专家组召开预备会议，由专家组组长主持，主要任务有：

（1）专家组秘书汇报专家考查意向汇总情况，专家组成员就此进行讨论、交流，确定现场考查各项活动的考查任务和观测重点。

（2）确定课堂教学考查课程：专家组在学校提供的课程表上抽选考查的课程，考查课程数量不得少于2门。专家组在抽选课程时，尽量兼顾各种课程类型，其中必须包括至少1门专业实践课或理实一体化课程。

（3）确定各类访谈的人员、形式和访谈要点。

（4）确定实地走访的地点和访谈内容。

（5）确定专家工作分工。

根据上述内容，专家组形成"现场考查工作安排表"，交由学校联络员完善相关信息后，打印分发给学校1份、专家每人1份。

（二）考查现场查验阶段

1. 召开专家组见面会

会议由专家组组长主持，时长控制在30分钟左右，主要内容包括：向校方介绍专家组成员，说明现场考查的目的、要求和主要活动，听取学校介绍相关情况和安排。如专业自评报告中有需要补充说明的内容，则专业负责人进行相关补充汇报。

2. 课堂教学考查

专家按照分工对课程进行课堂教学考查，了解课程教学实施的实际状态。课堂教学应按照正常教学进度开展，观摩一般为完整的一节课。课后专家需与授课教师就课程对毕业要求的支撑情况，以及对相关认证规范的落实情况进行简短交流。

3. 进行各类访谈

专家组根据考查工作安排，与接受认证专业的教师、学生、校友、用人单位代表以及其他学校有关人员进行深入交流，细致考查专业的对标建设情况和认证规范符合情况。访谈可以按照需要，采取个别访谈或集体访谈形式进行。

4. 开展实地走访

专家通过走访，重点了解专业教学、实训、学习等场所的设备资源配备情况、管理情况和使用情况，考查其对学生达成毕业要求的实际支撑效果。走访时长控制在1小时之内，在走访前，应提前确定好考查重点和与相关人员的交流重点。

5. 查阅材料

专家根据考查需要，现场调阅专业建设的相关材料，所调阅的材料以专业自评佐证材料中不便呈现的原始性、过程性材料为主。

6. 开展其他工作

在现场考查第一天的下午和第二天的上午，均安排了一段专家自由工作时间，专家可利用此时间追加访谈或增加相关认证活动，整理工作资料、填写工作表单。

7. 召开专家组碰头会

考查首日晚间，专家组召开全体成员碰头会，主要内容为：

（1）交流首日考查情况和感受，提请讨论发现的问题；如有需学校补充说明的事项，则汇总填写"现场考查说明事项单"，交由学校作出书面说明。

（2）组长根据首日考查工作开展情况，调整确定专家组成员第二天的考查工作安排。

（三）考查总结反馈阶段

1. 召开专家组内部会议

现场考查第二天下午，专家组全体成员召开内部会议，汇总各位专家的认证意见，讨论明确专业对标建设的优点长处、存在问题和改进建议，形成"专家组离校反馈意见书"。经过充分讨论后，专家组投票表决专业的规范符合情况，明确认证结论建议，确定专业认证报告的主体内容。会议由专家组组长主持，专家组成员分工协助完成投票表决和各类文字材料。

2. 召开意见反馈会议

专家组离校前召开意见反馈会，会议由专家组组长主持，时长控制在 30 分钟之内。专家组组长反馈认证考查意见和建议，说明后续工作安排；学校就有关事项进行简单交流。

二、现场考查要点

（一）问题导向，紧扣考查主线

在现场考查阶段专家需要通过短时间的观察和交流，即对专业人才培养工作的状况作出分析评价，这就要求专家在考查过程中一定要紧扣主线，准确把握重点，高效开展工作。专业认证工作的主线是判断认证规范的符合情况，专家应始终聚焦在认证规范的范畴内进行考查，要避免被认证规范范畴之外的事项分散注意力。通过审阅自评材料，专家已经对专业有了较为全面的了解，针对具体规范条款也梳理了需要关注的问题，在现场考查过程中，应以这些问题为导向，直接切入到需进一步了解、查验、印证的内容。

围绕考查主线，可以从以下方面去把握考查重点：

（1）对认证理念和规范的认知与理解。考查专业的规范符合情况，不仅要看专业人才培养的各项工作是否在形式上按照规范去开展了，更要看这些工作中所体现的思路、内涵是否与规范内涵相符。这种内涵上的符合程度，取决于专业人才培养工作的管理者和实施者对于认证理念和规范的认知和理解程度。在现场考查中，专家可通过与学校和院系相关部门负责人，专业的教学、学工、管理团队成员的交流，来考查这些关键人群对相关规范的认知和理解情况，从而判断规范的落实程度。

（2）机制和举措的执行与成效。针对规范的要求，专业需要建立健全相关工作机制，创新有关工作举措。在自评材料中，专家可以考查这些机制、举措的静态建设情况，而这些机制、举措的动态运行和实施成效则更多地需要通过现场考查来观测和查验。在现场考查中，专家可以向机制和举措的设计者了解设计思路，以考查相应机制和举措在理念上与规范内涵的符合情况。向机制和举措的执行者了解运行情况，以考查相应机制和举措是否是真实的、稳定的、可操作的，是否已成为专业人才培养的常态工作。向机制和举措的实施对象了解实施效果，以考查相应机制和举措是否对改进人才培养工作、促进全体学生达成学习成果确有成效。

（3）对职业教育人才培养特色要求的落实。彰显职业教育类型特色是江苏省高等职业教育专业认证工作的一大原则，在认证规范的设计中，不仅贯彻了三个基本理念，也贯彻了职业教育持续提升人才培养与产业需求适应性的特色要求，体现在培养目标、毕业要求、课程体系、持续改进、师资队伍、支持条件等方面的规范条款中。专家在现场考查中，要特别关注这些要求是否得到了落实，专业人才培养工作的职业教育特色是否得到了强化。

（二）有的放矢，设计考查内容

在现场考查中，专家与专业人才培养工作有关人员交流、接触的主要活动有课堂教学考查、深度访谈、实地走访等，各类活动所交流的对象和考查的内容不尽相同，在考查前应做好充分设计，结合自评材料审阅的情况，针对不同的交流对象和考查内容，明确交流的问题和观察、查验的重点。

1. 课堂教学考查

课堂教学考查是从教学实施的现场直接查看课程体系、教学实施、师资队伍等方面相关规范的落实情况。在考查中，专家可重点关注以下几个问题：一是看课堂教学内容和方法等与课程标准（课程大纲）的吻合情况；二是看课堂上学生的学习状态被激发的程度和学习效果，了解"以学生为中心"的教学落实情况；三是看教师的教学能力和专业水平是否能够胜任教学要求。专家在与任课教师的交流中，可注重了解课程对"以成果为导向"和"持续质量改进"的落实情况，包括课程的教学目标是否支撑了相关的毕业要求，课程的教学内容、方法是否支撑了教学目标，课程的评价方式是否能反映教学目标的达成情况，课程的质量监控活动是否是常态化、过程化的，质量监控结果能否得到及时的分析和反馈，能否及时进行教学改进。

2. 深度访谈

深度访谈是在现场考查中出现频次最高、面对人员最复杂，也是最能从多方面反映专业建设状况的活动。在访谈开展之前，专家要结合自评材料审阅阶段梳理出的需进一步考查的问题，针对不同的访谈对象，明确访谈目的和访谈提纲，设计具体的访谈问题；在访谈过程中，要注意聚焦核心问题，引导交流方向，以免将访谈变成

"漫谈"，影响访谈效率。表4-4列出了针对不同对象的访谈方向，供设计访谈提纲时参考。需要注意的是，本表只是从普遍意义上列出了访谈的问题方向，在设计访谈提纲时，需要根据认证专业的具体情况和拟进一步考查的问题，有重点、有针对性地提出具体问题，不宜照搬表中的表述，也不需对表中所列访谈内容做到面面俱到、全盘执行。

表4-4 深度访谈参考

访谈对象	访谈方向	对应规范
专业负责人	专业负责人是对专业建设了解最全面的人，也是专业对标建设中承上启下、推进落实的关键所在，对认证理念的贯彻、认证规范的落实、专业建设的实施等方面的情况，均可以通过访谈专业负责人来了解。亦可通过访谈，考查专业负责人对专业认证理念和规范的深入理解情况	规范全部条款
专业课程教师代表	（1）成果导向理念在课程建设中的落实情况，如教师在专业人才培养目标制订、毕业要求分解落实等活动中的实际参与情况；所授课程对毕业要求的支撑情况；教学目标、教学内容、教学方式、评价考核的一体化设计情况；课程思政的落实和教法改革创新的情况等； （2）"以学生为中心"理念在教学中的落实情况，如对学生的跟踪评价、学业指导与学困生帮扶等方面的情况等； （3）持续改进理念在教学中的落实问题，如所授课程的过程性改进情况、课程标准（课程大纲）的周期性修订情况等； （4）师资队伍建设方面的情况，如教师参与企业实践和技术服务的情况，及其经历对教学的帮助等；教师在教学上的投入，及参与教学研究和建设改革的情况；教师对学校、院系师资培训、激励机制的了解，及教师在工作中得到相关支持和资源保障的情况等	4.1.3 4.2.1 4.2.3 4.2.4 4.3.1 4.3.2 4.3.3 4.4.1 4.4.2 4.5.1 4.5.2 4.5.3 4.5.4 4.6.1 4.6.2 4.6.4 4.7.2 4.7.3 4.7.4 4.7.5 4.8.2 4.8.3
公共基础课程教师代表	（1）成果导向理念在课程建设中的落实情况，如对专业培养目标、毕业要求的了解情况；所授课程对毕业要求的支撑情况；教学目标、教学内容、教学方式、评价考核的一体化设计情况；课程思政的落实和教法改革创新的情况等； （2）"以学生为中心"理念在教学中的落实情况，如对学生的跟踪评价、学业指导与学困生帮扶等方面的情况；围绕学生发展与专业教师、学工团队等形成人才培养合力的情况等； （3）持续改进理念在教学中的落实情况，如所授课程的过程性改进情况、课程标准（课程大纲）的周期性修订情况等；	4.1.3 4.2.1 4.2.3 4.2.4 4.3.1 4.3.2 4.3.3 4.4.1 4.4.2 4.5.1 4.5.2 4.5.3

续表

访谈对象	访谈方向	对应规范	
公共基础课程教师代表	（4）师资队伍建设方面的情况：教师在教学上的投入，及参与教学研究和建设改革的情况；教师对学校、院系师资培训、激励机制的了解，及教师在工作中得到相关支持和资源保障的情况等	4.5.4 4.6.4 4.7.4 4.8.3	4.6.1 4.7.3 4.7.5
学生管理团队教师代表	（1）成果导向理念的落实情况，如对专业培养目标、毕业要求的了解和参与制（修）订情况；所负责的学生工作对毕业要求的支撑情况等； （2）"以学生为中心"理念的落实情况，如各项学生服务机制的建设和落实情况；围绕学生发展与各方力量形成人才培养合力的情况； （3）师资队伍建设方面的情况：教师对学校、院系师资培训、激励机制的了解，及教师在工作中得到相关支持和资源保障的情况等	4.1.2 4.2.3 4.3.1 4.7.5	4.2.1 4.2.4 4.3.2 4.8.3
用人单位代表和校友代表	（1）参与专业人才培养工作方面的情况：如参与专业培养目标、毕业要求的制订、定期评价和修订的情况；参与专业课程体系、课程开发、资源建设、实践教学建设等方面的情况； （2）用人单位接受接收毕业生就业的情况和对毕业生的评价； （3）校友的职业发展与专业培养目标的印证情况；校友对专业教育的评价	4.2.3 4.3.2 4.4.2 4.6.3	4.2.4 4.4.1 4.6.2 4.8.2
院系负责人	（1）认证理念的落实情况：院系负责人对认证理念的理解情况；院系层面认证理念落实机制和举措的实施成效； （2）提升人才培养适应性的情况：院系层面在强化校企合作、引入企业资源参与人才培养全过程的举措和实施成效； （3）支持专业发展方面的情况：院系对专业建设的投入和支持情况；对专业教师队伍建设的规划、管理、投入和支持情况等	4.1.1 4.1.4 4.2.3 4.3.2 4.6.2 4.6.4 4.7.2 4.7.4 4.8.1 4.8.4	4.1.2 4.2.2 4.2.4 4.4.2 4.6.3 4.7.1 4.7.3 4.7.5 4.8.2 4.8.5
在校生代表	（1）"以学生为中心"理念的落实情况，如各项学生发展服务机制的实施情况；专业各项教学管理和服务机制的实施情况；学校和专业所提供的学习软硬件资源支持情况等； （2）成果导向理念的落实情况，如学生对专业培养目标、毕业要求、课程设置、课程教学目标和教学评价的了解程度等；	4.1.2 4.1.4 4.2.3 4.3.2	4.1.3 4.2.1 4.3.1 4.5.1

访谈对象	访谈方向	对应规范	
在校生代表	（3）学生对专业教育教学工作和服务的体验和评价；学生对自身学习状况的评价；学生的学习意愿、学业发展规划、就业意向等	4.5.2　4.6.1 4.8.1　4.8.2 4.8.3　4.8.5	
校领导和相关职能部门负责人	（1）认证理念的落实情况：学校领导和相关职能部门负责人对认证理念的理解情况；学校层面认证理念落实机制和举措的实施成效； （2）支持专业发展方面的情况：学校层面对专业建设的各项投入、保障和支持情况；对专业教师队伍建设的投入和支持情况等	4.1.1　4.1.2 4.1.4　4.2.2 4.4.2　4.5.3 4.5.4　4.6.1 4.6.2　4.6.3 4.6.4　4.7.1 4.7.2　4.7.3 4.7.4　4.7.5 4.8.1　4.8.2 4.8.4　4.8.5	

3. 实地走访

实地走访是专家组对校内的教学、学习、实践等场所的实地考查，重点关注的是学校是否为人才培养提供了足够的条件和适宜的环境。在实地走访中，不仅要看各类设施、设备、资源的配备是否能满足所需，还要看这些设施、设备、资源的管理是否能便于学生和教师使用。除了查看硬件条件，更要了解管理机制，查看使用台账。专家组要结合事先梳理的考查关注点，挑选出必要的实地走访地点，请学校规划出一条最为便捷的走访路线，以提高走访效率。

（三）多维关联，保证考查深度

在现场考查过程中，要特别注意采用多维关联的工作方法，围绕一个问题，多方印证，多角度分析，以保证符合情况判断和诊断性分析的科学性。

一是在考查情况时，围绕一个考查点要进行多方信息的相互印证，通过与不同对象的访谈，或是不同活动的考查，多角度收集比对信息，构建该考查点的"立体网络"，以便更为全面、透彻、准确地掌握事实，做出判断。比如在考查学生学习的跟踪与评价机制时，既可以通过教师访谈，了解所授课程过程性评价的方法频次、结果分析和改进举措，以及课后指导学生的指导内容和对象，也可以通过学生访谈了解教师对课程过程性评价结果的使用，以及接受教师课后学习指导的情况；还可以通过课程负责人的说课、查看教研室教研活动记录、查看课程教学分析等，来获取多种相关信息，并与前期审阅自评材料时得到的信息相互关联、核实、比对，从而得出客观合理的判断。

二是在问题诊断时，围绕考查中发现的基本符合项或不符合项，要对其背后的原因进行多方位、立体式的分析，帮助专业找到症结所在，找准问题之源，提出切实有效的破解之策，以助力专业的持续发展。

第三节   拟定认证报告

一、形成认证意见

在现场考查活动结束后，专家需综合自评材料审阅和现场考查两个阶段的审查情况，形成个人的认证意见，再经集体汇总、讨论，最终形成认证专家组的认证意见。

（一）专家形成个人意见

专家在认证过程中，应认真整理、记录"自评材料专家审阅记录表"和"现场考查专家工作记录表"，作为填写"专家个人认证意见表"的基础。在认证意见中，专家首先需对照认证规范，逐条给出专业的规范符合情况判断。符合情况判断主要是综合专业在机制设计、执行落实和实施成效等方面的情况得出，分为符合、基本符合、不符合3类：

（1）符合。对照相应规范条款，专业在机制设计、执行落实、实施成效等方面均符合要求。

（2）基本符合。对照相应规范条款，专业在机制设计、执行落实、实施成效等方面基本符合要求，但存在需要改进的次要性问题，或需要关注的潜在性问题。

（3）不符合。对照相应规范条款，专业在机制设计、执行落实、实施成效等方面存在根本性问题，不符合规范要求，或存在定量性规范未达成的情况。

需要注意的是，除少数定量性规范外，大多数规范的符合情况都需要进行主观判断，专家应在充分理解规范内涵的基础上，秉承实事求是、全面客观的态度进行判断，在判断中要抓重点、看主流、辨趋势，无论是优点还是不足，都要避免以偏概全。对于各条规范符合情况的判断，一般都要从机制设计、执行落实、实施成效三个维度去综合考查，表4-5对这三个维度给出了判断的参考标准。在江苏省高职专业认证试点期间，对首次认证专业，综合判断时应更侧重于机制设计维度的表现；对非首次认证专业，综合判断时应更侧重于实施成效维度的表现。

表 4-5   符合情况判断参考标准

标准\维度	符合	基本符合	不符合
机制设计	专业所建立的机制和采取的举措能全面支撑本条规范的内涵要求	专业所建立的机制和采取的举措能基本支撑本条规范的内涵要求，存在少量次要性的要求未能覆盖到的情况，或者机制、举措对未来可见的变动适应不足	专业所建立的机制和采取的举措比较零散，本条规范的主要要求未能得到支撑

续表

标准 维度	符合	基本符合	不符合
执行落实	专业所建立的机制和采取的举措均能得到落实，执行人员对机制、举措的内涵理解准确、执行到位	专业所建立的机制和采取的举措能基本得到落实，存在少量机制、举措落实不到位的情况，但对实施成效影响不大；或者机制、举措的落实存在临时性、短期性的情况	专业所建立的机制和采取的举措未能得到基本落实
实施成效	机制、举措的实施取得了较好成效，惠及广泛，形成了有借鉴价值的经验做法	机制、举措的实施取得了一定成效，惠及面还不够广泛	机制、举措的实施未取得实质性效果

在认证意见中，专家还需对专业建设情况进行诊断性评价，指出专业建设应继续保持和发扬的优点、长处，明确需要关注和改进的问题与不足，并提出改进建议。为发挥专业认证帮助专业持续提升人才培养工作质量的作用，专家应在坚持规范的前提下，充分考虑专业发展的实际水平，提出指向明确、内容具体、切实可行的意见和建议。

（二）专家组形成意见共识

在现场考查结束阶段的专家组内部会议上，专家组全体成员需就认证意见和认证结论建议形成共识。在会议开始之前，专家组秘书需要收集"专家个人认证意见表"，汇总各位专家的认证意见、建议和规范符合情况判断信息，为会议做好准备。会议上需完成的工作包括：

1. 讨论确定离校反馈意见

按照规范的 8 个认证要求，逐一讨论、确定专业在后续建设中需继续保持的优点与长处，需关注和改进的问题与不足，并提出改进建议，形成"专家组离校反馈意见书"。在意见反馈会上，专家组组长须简要说明专家组的主要意见建议，同时将"专家组离校反馈意见书"交给学校。

2. 讨论表决规范符合情况

依据规范符合情况判断的汇总信息，专家组成员对其中判断意见一致的条款不再讨论；对其中判断意见不一致的条款，逐条阐述各自意见，进行讨论、辨析，尽量形成共识。讨论结束后，以投票方式表决最终判断。在表决中如遇意见不一致的，采纳得票超过半数的意见；如遇票数相同，均不过半数的情况，则对票数相同的选项再进行一次投票，采纳得票超过半数的意见。

3. 拟定认证结论建议

根据规范符合情况判断的结果，专家组拟定认证结论建议。认证结论建议分为以下三种情况：

（1）专业对《通用规范》和专业补充规范各条标准的符合度均达到"符合"的，给予"通过认证，有效期5年"的结论，对于首次认证专业原则上不给予此结论。

（2）专业对《通用规范》各条标准的符合度均达到"符合"或"基本符合"，且"符合"项不少于21条；同时对专业补充规范各条标准的符合度均达到"符合"的，给予"通过认证，有效期3年"的结论。

（3）专业对《通用规范》各条标准存在"不符合"项，或者对专业补充规范各条标准的符合情况存在"不符合""基本符合"项的，给予"认证不通过"的结论。

如无专业补充规范，则只根据《通用规范》的符合情况提出认证结论建议。

专家组将规范符合度投票表决的最终结果和认证结论建议填写到"专家组认证结论表决表"中。

4. 安排认证报告撰写

专家组根据"专业认证报告"的模板要求，就其中主体内容的表述进行讨论，明确报告撰写思路。专家组组长就认证报告的撰写进行安排，明确任务分工和时间节点。

5. 工作材料收集归档

专家组秘书按照表4-6的要求，收集整理好专家组的相关工作材料，在现场考查活动结束后，交认证委员会秘书处归档。

表4-6　专家组秘书收集材料清单

序号	材料名称	表单编号	归档要求
1	自评材料专家审阅记录表	JSGZRZ-ZJ003	专家每人1份，电子版（PDF格式）或手写纸质版均可
2	现场考查工作安排表	JSGZRZ-ZJ004	电子版（PDF格式）
3	现场考查专家工作记录表	JSGZRZ-ZJ005	专家每人1份，电子版（PDF格式）或手写纸质版均可
4	现场考查说明事项单	JSGZRZ-ZJ006	含专业的回复说明，电子版（PDF格式）或打印纸质版均可
5	专家个人认证意见表	JSGZRZ-ZJ007	专家每人1份，电子版（PDF格式）或手写纸质版均可
6	专家组离校反馈意见书	JSGZRZ-ZJ008	电子版（PDF格式）和纸质版（专家组签字）1式2份，1份交给学校，1份归档

序号	材料名称	表单编号	归档要求
7	专家组认证结论表决表	JSGZRZ–ZJ009	电子版（PDF格式）和纸质版（专家组签字）1份，表决所用投票表亦作为附件归档

二、撰写认证报告

专家组组长全面负责认证报告的组织撰写工作，包括安排组员分工、把控工作进度、集体审阅定稿等。专家组成员根据分工和要求，完成各自撰写任务，撰写工作安排可参考表4–7。

表4–7 认证报告撰写工作安排建议

时间	工作内容
现场考查结束后3个工作日内	专家按分工完成各自负责部分的撰写，交给负责统稿的专家
收齐材料后3个工作日内	负责统稿的专家统一文字表述风格，核对相关信息，完成认证报告初稿，提交给专家组组长
收到专业认证报告初稿后5个工作日内	专家组组长采取线上或线下的形式，召开专家组全体会议，审阅、修改、确定认证报告内容，将报告电子版和纸质签字件一式二份提交给认证委员会秘书处

专业认证报告的内容主要包括五个方面：

（1）认证工作概况。简要描述认证工作开展的过程、主要工作内容、专家组组成和分工等。

（2）专业建设的优点和长处。从认证理念贯彻、对标建设和持续提升人才培养适应性等方面，简要总结专业在后续建设中需保持和发扬的优点，以及值得推广的做法、举措。

（3）专业规范符合情况评价。根据专家组达成的一致意见，逐条评价专业建设与规范的符合情况，对基本符合和不符合的，列出不足所在。

（4）专业需要关注的问题和改进建议。综合专家的认证诊断意见，对专业后续建设提出建议。

（5）认证结论建议。按照《江苏省高等职业教育专业认证实施办法（试行）》的规定，根据规范符合情况，提出专业认证结论建议。

"专业认证报告"提交给认证委员会秘书处后，由秘书处将报告转交给接受认证专业。专业如对认证结论建议有异议，可在规定时间内向秘书处申请复议。专家组在接到复议申请材料后，由组长组织全体成员进行复议。复议可采取线上或线下会议进行，专家组成员需认真审阅专业申请复议的内容和相应佐证材料，经充分讨论后，形成复议意见。如意见发生分歧，必要时可进行投票表决，采纳票数超过半数的专家意见。专家组组长汇总专家的意见，填写"认证结论复议意见表"，将电子版和纸质签字件一式两份提交给秘书处，作为认证报告的正式组成部分。复议工作需在收到复议材料后的 10 个工作日内完成。

三、确定认证结论

认证委员会于每年 1 月和 7 月召开全体会议，集中审议、确定当期认证专业的认证结论。各认证专家组长代表专家组参加会议，并作认证情况汇报，汇报时长控制在 20 分钟以内。汇报的内容包括三个方面：一是认证活动开展的概况，如有复议环节，亦需介绍复议申请的内容和复议开展情况。二是专业的规范符合情况，对于基本符合和不符合项，要简要说明理由。三是认证结论建议。对汇报内容如有疑问，认证委员会委员可提请专家组组长进行进一步的说明。认证委员会委员完成认证材料审议后，采取无记名投票方式，对认证结论建议进行表决，确定最终认证结论。

认证结论须进行不少于 7 个工作日的公示，待公示无异议后正式发文公布，该认证工作至此正式结束。如在公示期内，接受认证专业向认证委员会仲裁监督组提出申诉并得到受理，仲裁监督组将启动调查工作，认证专家组应全力配合调查，服从仲裁监督组的最终裁决，以确保认证工作的公平、公正和公开。

第五章
认证常用表单

认证工作表单按照使用对象，分为接受认证专业工作表单和认证专家工作表单。通过格式化的表单设计，一是规范主要工作流程，保障相关数据、信息的完备性；二是提示关键工作要点，保障相关数据、信息的有效性。接受认证专业和认证专家在使用表单时，要注意认真按照表单上的要求、说明和注释填写，不得擅自改动表格的格式和内容要素。凡需要提交秘书处的材料，应严格按照时间要求提交。

第一节　接受认证专业工作表单

一、表单组成

接受认证专业需使用的工作表单见表 5-1。

表 5-1　接受认证专业工作表单一览

序号	表单名称	表单编号	用途
1	认证申请承诺书	JSGZRZ-ZY001	专业申请认证
2	认证申请表	JSGZRZ-ZY002	专业申请认证
3	自评报告	JSGZRZ-ZY003	专业逐条对照认证规范的要求，进行自我评述和总结
4	认证结论复议申请表	JSGZRZ-ZY004	在认证报告意见征询阶段，申请对认证结论复议

二、表单填写要点

（一）认证申请承诺书

认证申请承诺书由接受认证专业所在学校出具，主要是向认证委员会表明申请参加认证的意愿，以及遵守认证相关要求的承诺，内容见图5-1。提交承诺书时需注意专业名称要填写规范，落款签章要完整。学校如有多个专业申请认证，需分别出具认证申请承诺书。

江苏省高等职业教育专业认证

认证申请承诺书

江苏省高职专业认证委员会：

　　根据《江苏省高等职业教育专业认证实施办法（试行）》有关认证申请资格的规定，对照《江苏省高等职业教育专业认证通用规范》等要求，我校_____专业满足申请条件，现申请参加江苏省高等职业教育专业认证。

　　本校严格遵守认证工作各项纪律要求，规范参与认证，所有材料完全属实，并愿意承担专家评审及现场考查期间各项费用支出，特此承诺。

学校负责人(签名)：

学校(公章)：

年　月　日

图 5-1　认证申请承诺书内容

（二）专业认证申请表

本表填写的主要目的是向认证委员会提供专业和认证工作的基本信息，内容分为基础信息数据填报、学校和专业简介、专业达到认证标准情况说明三个部分。

（1）基础信息数据填报部分包括专业的基本信息、专业近三年的学生数据、专业负责人信息和学校认证工作联络人信息，见表5-2。

表5-2 认证申请表基础数据填报部分

专业名称		专业代码		专业大类	
学校名称			院系名称		
专业近三年学生数据	学年类别	( )学年	( )学年	( )学年	
	招生数				
	在校生数				
	毕业生数				
专业负责人	姓名	职称	电话	邮箱	
学校认证工作联络人	姓名	职务	电话	邮箱	
	通信地址				

其中，专业代码及所属专业大类按最新版《职业教育专业目录》填写。专业近三年学生数据包括招生数、在校生数和毕业生数，因江苏省高职专业认证的对象为已有连续三届毕业生的专科层次专业，故这三类数据均不能有空缺。"近三年"指从申请时间起的最近三个完整学年。"招生数"栏目填写该学年专业实际录取的学生数；"在校生数"栏目填写该学年专业各年级在校生总数；"毕业生数"栏目填写该学年专业的毕业人数，不含肄业、结业学生数。所有数据应与全国高职院校人才培养工作状态数据采集与管理平台保持一致。学校认证工作联络人负责与认证委员会秘书处全程对接和协调认证事宜，应安排熟悉认证流程和工作要求、了解学校和专业认证建设情况的人员担任，建议由负责专业认证工作的职能部门领导担任。

（2）学校和专业简介部分简要呈现学校和专业的概况。其中，学校简介的办学定位主要说明学校的类型层次、服务面向、培养定位等；历史沿革方面适当列举学校办学历史上有里程碑意义的发展阶段和重大成绩，无须对学校所有荣誉逐一介绍；基本情况中可主要说明学校的办学规模、院系或专业群组成、师资队伍和教学仪器设备的基本数据等。专业简介的培养定位主要说明专业的服务区域、岗位面向、人才定位和特色；历史沿革方面列举专业办学历史上有里程碑意义的发展阶段、重要变化和重大成绩，无须对专业所有荣誉逐一介绍。如果存在同一名称专业下，执行不同人才培养方案的情况，则需具体说明其原因和培养方案情况。

（3）专业达到认证标准情况说明。这一部分主要说明和展示专业在培养目标、毕业要求、课程体系、教学实施等方面贯彻"以成果为导向"理念的情况，以及毕业要求达成情况评价的情况，并提供必要的佐证材料。非首次认证专业，还需说明自上次认证以来的建设改进情况。在江苏省高职专业认证试点期间，首次认证的专业，该部分内容暂不需提供。

（三）自评报告

自评报告是专业进行自我举证，系统说明各项工作已达到认证标准体系要求的重要材料，是认证结论判定的主要依据之一。自评报告分为自评材料确认清单、专业基本数据表和专业自评报告三个部分。

1. 自评材料确认清单

自评材料确认清单供专业负责人在自评材料提交前进行形式审查使用，清单提示了自评材料的内容组成、格式要求、装订要求、提交要求等（见图5-2），专业负责人应逐条进行检查确认。

序号	项目（请勾选）
1	（　）本报告内容经本人审慎阅读并确认，内容记录翔实无误
2	（　）本报告所依据规范为《江苏省高等职业教育专业认证通用规范》及专业补充规范
3	本报告包含以下完整内容： （　）自评报告确认清单 （　）专业基本数据表 （　）专业自评报告
4	（　）本报告的内文格式符合格式要求 　–A4纸张大小 　–正文小四号字，表格五号字；中文宋体，英文 Times New Roman 　–1.5倍行间距
5	（　）本报告的佐证材料符合要求 　–材料主要以电子版提供，以原始材料的扫描件为主 　–对于难以用电子形式呈现的材料，已提供材料索引，供专家在现场考查时调阅 　–佐证材料已与认证规范条文相对应建立电子文件夹，文件夹名称为相应认证规范编号，文件的名称为材料的具体名称，有目录清单
6	（　）本报告的打印及装订符合格式要求 　–70克纸张，双面打印，胶装成册 　–统一装订成一册，提交一式七份 （　）佐证材料的提交符合要求 　–提交存有佐证材料的U盘一式七份

图5-2　自评材料确认清单

2. 专业基本数据表

本部分包括专业的基本信息和基础数据，其中基础数据主要是从学生、师资和实训条件三个方面呈现专业办学的基本情况，具体数据项如表5-3所示。

表5-3 专业办学基础数据

专业近三年学生数									
生源	（　　）学年			（　　）学年			（　　）学年		
	招生数	在校生数	毕业生数	招生数	在校生数	毕业生数	招生数	在校生数	毕业生数
普通高中									
中职学校									
社会招生									
合计									

专业师资情况			
专业教师数		专任专业教师数	兼职专业教师数
正高职称人数	副高职称人数	中级职称人数	初级职称及其他人数
博士学位人数	硕士学位人数		学士学位及其他人数

专业实训条件			
实验实训室	用途	设备值（万元）	工位数

专业"近三年"学生数指的是从自评报告提交之日起的最近三个完整学年的学生

数据，需注意与认证申请表里的"近三年"所指时间不同。对于专业师资数的计算，需注意不仅包括承担专业课程的教师，也包括承担公共基础课程的教师。对专业实训条件，按实验实训室或实训基地实际名称填写，包括专业在人才培养中使用到的校内和校外实训条件；在用途栏应尽量明确该实训室或实训基地所承担的教育教学任务；除了用于支撑具体的实训、实习课程外，支撑专业学生技能训练、创新创业等其他学习活动的实训资源，亦需呈现在表中。

3. 专业自评报告

这是自评报告材料的主体内容，专业需对照认证规范，给出规范符合情况自评结果，并逐条说明规范的符合情况。

（1）在认证规范符合情况自评结果部分，专业不仅要分别对《通用规范》和专业补充规范，列出符合项、基本符合项、不符合项的数量，还需对基本符合项和不符合项的具体情况做出说明，内容样式如表 5–4 所示。

表 5–4　认证规范符合度自评信息

《通用规范》（共 31 项）符合度自评	符合	_____项
	基本符合	_____项
	不符合	_____项
基本符合项及存在不足说明： 1. 2. ……		
不符合项及存在不足说明： 1. 2. ……		
×××专业补充规范 （共　　项） 符合度自评	符合	_____项
	基本符合	_____项
	不符合	_____项
基本符合项及存在不足说明： 1. 2. ……		
不符合项及存在不足说明： 1. 2. ……		

（2）在规范符合情况说明部分，专业要根据相应规范条款的内涵以及本书第三章所列自评报告要点和佐证材料要点，说明符合情况，列出佐证材料清单。符合情况一般从机制设计、执行落实和实施成效三个方面说明建设情况，举证符合规范要求之处，表述上应力求聚焦规范要求，文字简练准确。佐证材料清单以列表形式呈现，需准确列出材料编号，完整呈现佐证材料的具体名称，如佐证材料是汇编类的或样本类的，应在备注栏标明汇编或样本字样。

为引导专业准确呈现建设情况，在规范符合情况说明部分预设了若干表格模板，这些表格是专业撰写自评报告时的必填内容，在填写时可以根据表格的大小自行调整合适的页面方向，但不得修改表格中的数据项。

预设的表格包括：

①《通用规范》4.2.4 情况说明中的"专业制订、定期评价与修订培养目标大事记"，详见表 5-5。

表 5-5 专业制订、定期评价与修订培养目标大事记

日期	讨论事项	参与人员	会议决议
……			

该表用以记录专业制订、定期评价和修订培养目标的机制运行情况及实施成效。首次认证专业需列举从对标建设以来的相关工作记录，非首次认证专业需列举从上次认证以来的相关工作记录。记录表中的讨论事项及会议决议应以摘要形式简要说明关键内容。参与人员除姓名外，还应有职位信息，尤其是校外人员需要特别注明。

②《通用规范》4.3.1 情况说明中的"专业毕业要求及毕业要求指标点一览表"，详见表 5-6。

表 5-6 专业毕业要求及毕业要求指标点一览表

毕业要求	毕业要求指标点
1.×××××××××××××× ×××××××××	1.1 ×××××××××××××× ××××××
	1.2 ×××××××××××××× ××××××
	……

毕业要求	毕业要求指标点
2.××××××××××××××××× ××××××××××	2.1××××××××××××× ××××××
2.×××××××××××××××××× ××××××××××	2.2××××××××××××× ×××××× ……
……	……

该表用以展示专业的毕业要求和毕业要求指标点之间的对应关系，需完整填写毕业要求和毕业要求指标点的编号和内容。其中，编号应填写专业的实际编号。

③《通用规范》4.3.1情况说明中的"专业毕业要求与培养目标支撑矩阵表"，详见表5-7。

表5-7　专业毕业要求与培养目标支撑矩阵表

培养目标 毕业要求	目标1	目标2	目标3	……	目标 *n*
1.×××××××					
2.×××××××					
……					

该表用以展示专业的毕业要求与培养目标的支撑关系。为清晰呈现支撑关系，如专业培养目标表述形式为一段文字，需将该段文字按内在逻辑和要素拆分为若干部分，依次填写在"目标1"至"目标 *n*"中，其文字表述原则上不可变动。

④《通用规范》4.3.2情况说明中的"专业制订、定期评价与修订毕业要求大事记"，详见表5-8。

表5-8　专业制订、定期评价与修订毕业要求大事记

日期	讨论事项	参与人员	会议决议

该表用以记录专业制订、定期评价和修订毕业要求的机制运行情况及实施成效。

首次认证专业需列举从对标建设以来的相关工作记录，非首次认证专业需列举从上次认证以来的相关工作记录。记录表中的讨论事项及会议决议应以摘要形式简要说明关键内容。参与人员除姓名外，还应有职位信息，尤其是校外人员需要特别注明。

⑤《通用规范》4.3.3 情况说明中的"专业毕业要求及指标点与规范对应表"，详见表 5-9。

表 5-9　专业毕业要求及指标点与规范对应表

毕业要求		《通用规范》4.3.3 毕业要求应包括内容							
		4.3.3.1	4.3.3.2	4.3.3.3	4.3.3.4	4.3.3.5	4.3.3.6	4.3.3.7	4.3.3.8
1.×××× ××××	1.1×× ××××								
	1.2×× ××××								
	……								
2.×××× ××××	2.1×× ××××								
	……								

该表用以呈现专业的毕业要求及毕业要求指标点与《通用规范》4.3.3 所列 8 条毕业要求应包括内容的对应关系，以证明专业的毕业要求在内容上覆盖、程度上不低于《通用规范》的要求。一条毕业要求可以对应多条规范内容，一条规范内容亦可由多条毕业要求支撑。

⑥《通用规范》4.4.1 情况说明中的"课程对毕业要求支撑矩阵表"，详见表 5-10。

表 5-10　课程对毕业要求支撑矩阵表

课程名称	课程类别	毕业要求 1	毕业要求 2	……

该表呈现课程与专业毕业要求之间的支撑关系，所填写课程名称、课程类别等信息需与人才培养方案一致。一门课程至少应支撑一项毕业要求，一项毕业要求至少应有一门课程做支撑。

⑦《通用规范》4.5.1 情况说明中的"课程支撑毕业要求指标点明细表"，详见表 5-11。

表 5-11 课程支撑毕业要求指标点明细表

课程名称	支撑毕业要求指标点	课程教学目标	主要教学内容	主要教学方法	主要评价方式

该表主要展示课程对毕业要求指标点的具体支撑情况，以及在教学目标、内容、方法、评价上的系统性设计。其中，所支撑的毕业要求指标点可只填写编号；课程教学目标、主要教学内容、主要教学方法以及主要评价方式可以以摘要形式呈现，其内涵应与相应课程标准或课程大纲所呈现的信息保持一致。

⑧《通用规范》4.5.2 情况说明中的"课程思政设计一览表"，详见表 5-12。

表 5-12 课程思政设计一览表

课程名称	思政教学目标	思政教学目标对应的毕业要求指标点	课程思政主要教学内容和教学方法	课程思政主要评价方式

该表主要呈现非思想政治教育课程落实课程思政要求的情况，其中"思政教学目标"应包含在表 5-11"课程支撑毕业要求指标点明细表"的"课程教学目标"中，此处的内容应比表 5-11 更具体，可以直接引用课程标准（课程大纲）中的表述。"思政教学目标对应的毕业要求指标点"只需填写编号，其对应关系应与表 5-11 保持一致。"课程思政主要教学内容和教学方法"和"课程思政主要评价方式"的内涵应与相应课程标准或课程大纲所呈现的信息保持一致。

（四）认证结论复议申请表

该表是专业在认证报告意见征询阶段，对认证结论建议有异议时，向秘书处提交的申请，主体内容包括申请复议内容、申请复议理由、学校意见和佐证材料清单，详见表 5-13。

表 5-13 "认证结论复议申请表"相关内容

学校名称		专业名称	
认证序号		专业负责人	
学校认证工作联络人		联系电话	

续表

申请复议内容：
申请复议理由：   <div align="right">专业负责人（签名）： 年 月 日</div>
学校意见：   <div align="right">学校负责人（签名）： 年 月 日</div>
佐证材料清单：

专业在提出复议申请时，应本着严谨负责的态度，在"申请复议内容"中明确列出需要复议的认证结论、涉及的相关规范和自身的复议诉求；在"申请复议理由"中，针对申请复议的内容，逐条充分、如实地阐明申请复议的理由和依据。列举佐证材料清单要清晰、具体，材料内容需与申请复议的内容高度相关，须将佐证材料的电子版作为附件，随申请表一并提交。

第二节 认证专家工作表单

一、表单组成

认证专家工作表单分为个人使用和专家组集体出具两类。个人使用工作表单由专家在工作过程中独立完成，主要包括自评材料专家审阅意见表、现场考查工作意向表、自评材料专家审阅记录表、现场考查专家工作记录表和专家个人认证意见表 5 种；专家组集体出具的工作表单由专家组全体成员集体商议后共同完成，主要包括现场考查工作安排表、现场考查说明事项单、专家组离校反馈意见书、专家组认证结论表决表、专业认证报告和认证结论复议意见表 6 种，详见表 5-14。

表 5-14　认证专家工作表单一览

序号	表单名称	编号	用途
1	自评材料专家审阅意见表	JSGZRZ-ZJ001	专家个人出具自评材料审阅结论
2	现场考查工作意向表	JSGZRZ-ZJ002	专家个人提出现场考查工作关注点
3	自评材料专家审阅记录表	JSGZRZ-ZJ003	专家个人记录自评材料审阅意见和问题
4	现场考查工作安排表	JSGZRZ-ZJ004	专家组现场考查详细工作安排和分工
5	现场考查专家工作记录表	JSGZRZ-ZJ005	专家个人记录现场考查的意见和问题
6	现场考查说明事项单	JSGZRZ-ZJ006	在现场考查过程中，提出需学校补充说明的事项
7	专家个人认证意见表	JSGZRZ-ZJ007	专家个人提交专业认证意见和规范符合情况判断
8	专家组离校反馈意见书	JSGZRZ-ZJ008	专家组综合各位专家的认证意见，对专业建设提出意见建议，反馈给专业供持续改进参考
9	专家组认证结论表决表	JSGZRZ-ZJ009	专家组投票表决专业的规范符合情况和认证结论建议
10	专业认证报告	JSGZRZ-ZJ010	专家组拟定的认证意见和认证结论，包括专业认证活动的基本情况、对照认证规范逐条的符合情况判断、专业认证中发现的问题和需要关注并采取措施予以改进的事项、认证结论建议等
11	认证结论复议意见表	JSGZRZ-ZJ011	对专业复议申请的意见和结论

二、表单填写要点

（一）自评材料专家审阅意见表

本表用于认证专家出具专业自评材料审阅结论，其内容见表 5-15。

表 5-15 "自评材料专家审阅意见表"内容

认证学校			
认证专业		认证序号	

<table>
<tr><td colspan="4" align="center">自评材料审阅意见</td></tr>
<tr><td colspan="4">（ ）审阅通过
（ ）补充修改自评材料
（ ）审阅不通过

　　　　　　　　　　　　　　　　认证专家（签名）：
　　　　　　　　　　　　　　　　　　年　月　日</td></tr>
<tr><td colspan="4">需补充修改自评材料清单 / 审阅不通过原因说明：

</td></tr>
</table>

其中，"自评材料审阅意见"只需选择相应的审阅结论。如果审阅结论是"补充修改自评材料"的，需在下一栏明确列出需要专业补充或者修改的材料清单，待专业补充材料后，进行第二次审阅。第二次审阅后，再填写本表时，审阅意见仅可选择"审阅通过"或"审阅不通过"。如果审阅结论是"审阅不通过"，则需在下一栏列明不通过的具体原因。

（二）现场考查工作意向表

本表用于专家在完成自评材料审阅后，梳理现场考查阶段的工作思路，针对各项考查活动，提出拟重点考查的事项和问题，并对各类人员的访谈，拟出具体的访谈提纲或问题。主要内容见表 5-16。

表 5-16 "现场考查工作意向表"内容

考查活动	拟重点考查和访谈的具体事项、问题等	相关规范 （重点关注内容相关的认证规范编号）
课堂教学考查		
专业负责人访谈		
专业课教师访谈		
公共基础课教师、学生管理团队教师访谈		

续表

考查活动	拟重点考查和访谈的具体事项、问题等	相关规范 （重点关注内容相关的认证规范编号）
学生访谈		
用人单位代表和校友代表访谈		
院系负责人访谈		
学校领导、职能部门负责人访谈	（请在访谈问题后注明拟访谈对象的身份）	
实地走访	（请在考查事项后注明拟走访的场所）	
其他活动	（如需增加其他考查活动或访谈对象，请说明具体内容）	

　　除了用于专家个人疏理现场考查工作思路外，本表还将提交给认证委员会秘书处汇总，用作专家组现场考查工作计划制订的前期准备，因此其填写需尽量全面和具体，除了"其他活动"栏目可根据需求确定是否填写外，其他栏目均应提出相关考查内容，以便专家组能集思广益，更好地设计现场考查内容，更为深入、精准地对专业建设情况进行了解和评价。

　　（三）自评材料专家审阅记录表

　　本表用于认证专家记录自评材料审阅的具体意见。意见需针对认证规范条款，逐条进行详细记录。表格内容分为两个部分：一是自评报告审阅记录，记录从某项条款对应的自评报告情况说明中发现的建设优点和不足，以及需要在后续活动中进一步考查的内容；二是佐证材料审阅记录，记录从某项条款对应的佐证材料审阅中发现的不足，或需要专业补充提交的内容。

　　为方便专家开展工作，表格中除了列明各规范条款的原文外，还列出了该条款的考查重点、自评报告要点和佐证材料要点，（如图5-3所示）。专家在审阅材料时，需认真对照这些内容，慎重判断，清晰记录。在现场考查阶段，专家需将本表格携带备查，并在认证工作全部完成后，交认证委员会秘书处归档。

规范	4.1.1 建立符合职业教育特点的，能吸引适合生源的制度措施
考查重点	1. 学校、院系和专业在招生和吸引适合生源上的制度、举措和实施成效 2. 专业在准确把握生源状况上的举措 3. 专业在提升学生专业认知度、认可度上的举措及效果。效果主要表现在学生的学习意愿、职业认同和就业态度上

自评报告要点	审阅记录 （优点、不足和需进一步考查的内容）
1. 专业在保障生源充足性上的机制、举措和成效 2. 专业在准确把握生源状况上的机制，举措；专业近三年的生源规模、组成、质量等发展情况。如生源呈现多样化，还需说明专业为保障不同生源能适应专业学习要求所采取的机制、举措和成效 3. 专业在提高考生和学生对专业的认知度和认可度上的机制、举措和成效	

佐证材料要点	审阅记录 （不足和需补充提交的材料）
1. 能印证自评报告内容的相关制度文件、工作方案等 2. 近三年招生情况一览表，含招生计划、报录数据、报到数据等 3. 近三年专业生源质量调查数据和分析报告。首次认证专业提供近一年的材料 4. 近三年在校生专业认可度调查数据和分析报告。首次认证专业提供近一年的材料 5. 与自评报告内容相关的其他证明材料	

图 5-3 "自评材料专家审阅记录表"样例

（四）现场考查工作安排表

本表呈现现场考查阶段的整体工作安排，主要包括工作时间、考查活动内容、负责执行的认证专家信息、活动涉及的学校人员信息、工作地点信息等。这些内容需在现场考查专家组预备会上，由全体专家讨论确定，相关信息要明确、具体，以便专家按序开展工作，也便于学校和专业及时配合准备工作。如果专家组根据现场考查第一天的情况，对第二天的考查计划做了调整，专家组秘书应及时调整本表内容，并根据需要将有关情况通知学校联络人。

（五）现场考查专家工作记录表

本表用于认证专家记录现场考查活动的情况，主要内容如图5-4所示。

考查活动	
拟考查重点问题（根据专家组预备会确定内容填写）： 1. 2. ……	

考查时间		考查地点	
涉及人员			

考查情况记录

考查情况分析 （优点、不足和有待进一步查验的问题）

图 5-4　"现场考查专家工作记录表"内容

其中，"拟考查重点问题"是指专家组预备会对相应活动所议定的重点考查问题，建议专家在预备会后，即可根据会议分工，完成此部分的填写，以便考查时任务更加明确、内容更加聚焦。"考查情况记录"部分，应择要记录考查的内容，其中针对拟考查的重点问题应有明确记录。"考查情况分析"部分是在专家完成此项考查活动后填写，主要记录考查中发现的优点和不足，以及有待后续活动进一步了解的问题和需要学校补充说明情况的问题。在现场考查第一天晚上的专家组碰头会上，专家需重点交流这两类问题，以便专家组出具"现场考查说明事项单"和调整第二天的考查计划。

（六）现场考查说明事项单

专家在现场考查第一天结束后，如发现有需要学校进一步补充说明的问题，需在当天晚间的碰头会上提出。相关问题经专家组集中讨论，认为确需学校作出说明的，则填写"现场考查说明事项单"，交由学校给出书面回复。在填写本表单时，要注意所提出的问题要内容具体、表述准确，且与认证工作密切相关。本表单不是认证工作中必须出具的内容，专家组应本着尽量减轻接受认证专业和学校负担的原则，在确有需要的情况下出具。

（七）专家个人认证意见表

本表用于认证专家出具个人的认证意见，内容分为符合情况判断和认证意见两部分，如图5-5所示。在符合情况判断部分，专家需根据自己在自评材料审阅和现场考查两个阶段的工作情况，对照认证规范，按照判断标准，逐条对专业的建设情况做出认证判断。对其中给出"基本符合"或"不符合"判断的标准项，需简要说明判断理由。本部分意见是专家组做出最终认证判断的基础，故专家需慎重判断、认真填写。

	《通用规范》内容	符合度判断 （在相应符合度后打√）	判断理由 （基本符合和不符合项需说明）
学生发展	4.1.1 建立符合职业教育特点的，能吸引适合生源的制度措施	符合（　　） 基本符合（　　） 不符合（　　）	
	4.1.2 建立学习激励、学业指导、职业规划、就业指导、心理辅导等方面的机制，并有效落实	符合（　　） 基本符合（　　） 不符合（　　）	
	4.1.3 对学生在整个学习过程中的表现进行跟踪与评估，建立过程性评价机制，促进和保障学生毕业时能达到毕业要求	符合（　　） 基本符合（　　） 不符合（　　）	
	4.1.4 建立完善的学生学习成果认定、积累和转换机制	符合（　　） 基本符合（　　） 不符合（　　）	
	优点与长处：		
	问题与不足及改进建议：		

图5-5　"专家个人认证意见表"样例

在认证意见部分，认证专家要结合自己的考查任务，针对《通用规范》和专业补充规范的相关内容，提出专业建设的优点与长处、问题与不足，并给出改进建议，用于指导专业的后续建设。专家所提出建议应指向明确、内容具体，并需充分考虑接受认证专业和学校的客观实际，具备切实的可行性。

（八）专家组离校反馈意见书

专家组离校反馈意见书是专家组在汇总认证专家的认证意见后，经集体讨论确定，提供给接受认证专业用于后续建设参考的材料。这份材料体现了专业认证除了质量评价之外的质量促进功能，专家组需要高度重视，提出高水平的反馈意见。

专家组离校反馈意见书的内容包括两部分，一是专业在贯彻认证理念、落实认证规范、提升职业教育人才培养的适应性方面具备的优点和值得推广的经验，这部分是专业在后续建设中要加以保持和发扬的内容。专业应放大相关优势，形成专业的特色，并对校内或校外专业产生示范作用。二是专业在后续建设中需要关注和改进的事项及改进建议，这部分是专业在后续建设中要抓紧整改的内容。专业要参考专家组的建议，制订整改举措和工作计划，以发挥认证对专业人才培养工作的促进作用。

（九）专家组认证结论表决表

本表分为两个部分，一是统计专家关于认证规范符合情况的投票结果；二是根据投票结果，给出认证结论建议。专家组对各条规范符合情况的最终判断，采纳得票数超过半数的意见选项。如果遇到得票数相同的选项，则需对票数相同的选项再进行一次投票，取超过半数的意见选项。例如，在某认证规范的符合情况判断投票中，"符合""基本符合""不符合"分别为 2 票、2 票和 1 票，就需对"符合"和"基本符合"再组织一次投票，取得票超过半数的作为最终结论。专家个人的投票表原件需作为本表的附件，一并提交至认证委员会秘书处存档。

（十）专业认证报告

专业认证报告是在认证工作结束后，专家组提交给认证委员会的综合性报告，主要包括认证工作概况，专业建设的优点和长处，规范符合情况评价，专业需要关注的问题、事项和改进建议，认证结论建议 5 个方面的内容。

对于认证工作概况，只需简述认证工作的主要工作过程、环节和内容，以及专家组的组成和分工等，无须对工作细节进行介绍。对于专业建设的优点和长处，可以从认证理念的贯彻、对标建设的成果、提升职业教育人才培养的适应性等方面，总结专业人才培养工作的优点，提出值得推广的经验。这一部分的内容，可以在"专家组离校反馈意见书"相应内容的基础上，再加以优化，做到重点突出、主题明确、优点经验提炼准确，重"精"不重"多"。规范符合情况评价部分，对各条规范符合情况的判断要与"专家组认证结论表决表"的内容一致，对于给予"基本符合"或"不符合"评价的规范，需说明专业相应工作的不足之处。专业需要关注的问题、事项和改进建议部分，在"专家组离校反馈意见书"相应内容的基础上，可以再加以细化和阐释。认证结论建议要与"专家组认证结论表决表"的内容保持一致。

（十一）认证结论复议意见表

在"专业认证报告"的意见征询阶段，接受认证专业如对认证结论有异议，会提交"认证结论复议申请表"和相关佐证材料，专家组进行材料审核复议后，填写"认证结论复议意见表"，出具专家组的最终认证意见。

本表主体内容如图 5-6 所示，包括：

（1）复议意见。专家组针对专业提出的复议内容，逐一明确答复和理由。

（2）复议结论。针对原规范符合情况判断和认证结论建议，专家组提出调整或不调整的复议结论。如果结论是予以调整，则须明确具体调整内容。

复议意见		
年　月　日—　月　日，认证专家组对专业提交的复议申请和佐证材料进行了充分的审阅和讨论，形成如下意见： 1. 2. ……		
基于复议意见，对原规范符合情况评价： 　　不进行调整（　　） 　　进行调整　（　　），调整为		
规范编号	原评价	调整为
对原认证结论建议： 不进行调整（　　） 进行调整　（　　），调整为		
原认证结论建议		调整为
通过认证，有效期5年（　　　） 通过认证，有效期3年（　　　） 认证不通过（　　　）		通过认证，有效期5年（　　　） 通过认证，有效期3年（　　　） 认证不通过（　　　）
<div align="right">认证专家组组长（签名）： 年　月　日</div>		

图5-6 "认证结论复议意见表"主体部分

第三节　工作表单归档要求

在专业认证结束后，认证委员会秘书处要收集齐全在认证过程中产生的工作表单和相关材料，做好整理归档工作，需归档的材料和归档要求见表5-17。所有需归档的纸质版原始材料和电子扫描件，均应签章完整。秘书处需制订档案管理制度，建立电子档案库，科学编制档案目录，以便检索查询。

表 5-17   认证材料归档清单

序号	材料名称	归档要求	备注
1	认证申请承诺书	纸质版和电子扫描件	
2	认证申请表	纸质版和电子扫描件	
3	自评报告	纸质版和电子版	
4	专业自评佐证材料	电子版	
5	自评材料专家审阅意见表	专家签名的电子扫描件	
6	现场考查工作意向表	电子版	
7	自评材料专家审阅记录表	电子版或纸质版	
8	现场考查工作安排表	电子版	
9	现场考查专家工作记录表	电子版或纸质版	
10	现场考查说明事项单及学校回复的书面说明	电子版	如有则归档
11	专家个人认证意见表	电子版或纸质版	
12	专家组离校反馈意见书	纸质版和电子扫描件	
13	专家组认证结论表决表	纸质版	
14	规范符合情况投票表	纸质版投票原始件	所有轮次的投票表均需归档
15	专业认证报告	纸质版和电子版	
16	专业认证结论公布文件	纸质版和电子扫描件	
17	认证结论复议申请表	纸质版和电子扫描件	如有则归档
18	认证结论复议佐证材料	电子版	如有则归档
19	认证结论复议意见表	纸质版和电子扫描件	如有则归档

附录
江苏省高等职业教育专业认证文件

江苏省高等职业教育专业认证实施办法（试行）

为贯彻落实《关于推动现代职业教育高质量发展的意见》（中办发〔2021〕43号）、《职业教育提质培优行动计划（2020—2023年）》（教职成〔2020〕7号）和江苏省《关于推动现代职业教育高质量发展的实施意见》（苏办发〔2022〕5号）等文件精神，探索建立体现中国特色、彰显高职特征、体现江苏特点的省域高等职业教育专业认证制度，助推我省高等职业教育高质量发展，特制定本办法。

第一章 总　　则

第一条　全面贯彻党的教育方针和习近平总书记对职业教育工作的重要指示，落实立德树人根本任务，服务新时代高等职业教育高质量发展要求，以专业认证促进专业内涵建设，完善质量保障机制，持续提升人才供给质量。

第二条　江苏省高等职业教育专业认证面向全省大专层次高等职业教育专业开展，依照认证标准对专业人才培养方案的设计、落实和成效进行第三方评价。江苏省高等职业教育已有连续三届毕业生的专科层次专业，可以申请参加认证。

第三条　江苏省高等职业教育专业认证工作秉持以下理念：

（一）以学生为中心。专业需对全体学生达成学习成果负责，尊重和激发学生主体性，推进教学模式从"教"为中心向"学"为中心转变，全面推进三全育人，提升教育教学质量，服务学生全面发展。

（二）以成果为导向。专业需按照"反向设计，正向实施"的人才培养方案开发和实施逻辑，构建"自上而下逐级分解，自下而上逐级支撑"的教学目标链，各类人才培养活动均需支撑学习成果的达成。

（三）持续质量改进。专业需对人才培养活动进行全方位、全过程的跟踪与评价，并将评价结果及时用于人才培养工作的改进。

第四条　江苏省高等职业教育专业认证工作遵循以下原则：

（一）彰显职教类型特色，建立符合我国高等职业教育内涵特色的标准体系和认证机制。

（二）强化学校主体责任，因地制宜探索建立适合学校和专业特色的建设路径、建设模式和质量持续改进机制。

（三）周期认证保持质量，专业在认证有效期满后需重新接受认证，始终保持建设状态，持续提升建设质量。

第二章　认证组织机构

第五条　江苏省高等职业教育专业认证工作由江苏省高等教育学会牵头开展，学会设置高职专业认证委员会负责整体工作，认证委员会下设秘书处和仲裁监督组，并根据专业认证需求动态组建认证专家组。

第六条　高职专业认证委员会（以下简称认证委员会）主要负责领导和组织江苏省高等职业教育专业认证整体工作，具体包括：组织研究和建立认证机制，开发认证标准体系；遴选和培训认证专家，建立认证专家库，组建认证专家组；审议认证报告和认证结论建议，批准与发布认证结论。

第七条　认证委员会秘书处（以下简称秘书处）主要负责专业认证的组织工作，具体包括：制订认证工作计划；受理认证申请；组织认证专家组开展自评材料审阅和现场考查工作；组织认证委员会开展认证结论审议工作；协助制订、修订认证有关文件；协调专业认证的相关工作。秘书处设办公室负责日常运行和管理，包括认证工作的联络沟通和会务安排；认证材料的收集、分发和归档；认证信息发布与对外宣传；组织认证培训和学术性活动等。

第八条　认证委员会仲裁监督组（以下简称仲裁监督组）负责专业认证的纪律监督和申诉、投诉处理，包括督促认证专家遵守认证纪律，诚信、公正地开展认证工作；受理学校关于认证工作的申诉，组织调查并做出最终裁决；接受社会各界对认证工作的投诉，组织调查并做出相应处理。

第九条　认证专家组由认证委员会根据接受认证专业的实际情况遴选专家组建，负责具体实施专业认证工作，主要包括审阅自评材料、开展现场考查、拟定认证报告等。认证专家应熟知《江苏省高等职业教育专业认证通用规范》和相应专业补充规范，全面了解认证工作的各项程序和要求。

第三章　认　证　标　准

第十条　江苏省高等职业教育专业认证标准体系是专业认证活动的实施依据，由通用规范和专业补充规范两部分组成。认证委员会负责标准体系的组织开发和归口管理。

第十一条　《江苏省高等职业教育专业认证通用规范》规定了专业认证活动的适用范围、术语和定义、通用认证要求等内容。通用认证要求包括学生发展、培养目标、毕业要求、课程体系、教学实施、持续改进、师资队伍、支持条件八个方面共31条规范。

第十二条 专业补充规范实施按需开发，对有需要的专业大类或专业类，在《江苏省高等职业教育专业认证通用规范》基础上，对培养目标、毕业要求、课程体系、师资队伍、支持条件等补充提出本专业大类的特色要求。接受认证专业应当提供足够的证据，证明该专业同时符合《江苏省高等职业教育专业认证通用规范》和相应的专业补充规范。

第四章 认 证 程 序

第十三条 专业认证的申请与受理：

（一）江苏省高等职业教育专业认证每年上半年和下半年各开展一次集中申请工作。申请认证专业由其所在学校于每年1月1日—1月31日或7月1日—7月31日向秘书处提交申请材料。

（二）秘书处负责审查申请学校及专业是否具备申请认证的基本条件，根据认证工作的年度计划，做出受理决定，必要时可要求申请学校对有关问题做出答复或提供有关材料。受理决定及后续工作分以下两种：

（1）受理申请，通知申请学校开展专业对标自查与自评工作；

（2）不受理申请，向申请学校说明理由。专业可在达到申请认证的基本条件后重新提出申请。

秘书处在每年3月1日前和9月1日前公布当期受理申请专业名单。

第十四条 认证申请被受理后，专业需对照《江苏省高等职业教育专业认证通用规范》和相应的专业补充规范，及时开展自查自评工作，具体包括：

（一）梳理专业人才培养工作情况，明确各环节存在的不足，进行建设改进。首次申请认证的专业需进行一年左右的优化建设，方可进行自评工作。

（二）对专业人才培养工作进行自我评价和自我举证，撰写自评报告，准备相应的佐证材料。专业需在规定时间内向秘书处提交自评报告和佐证材料。

第十五条 认证委员会根据认证专业的情况，遴选组建认证专家组审阅专业自评材料，全面了解接受认证专业的建设情况，初步判断专业人才培养工作符合规范的程度，明确现场考查阶段需关注的问题和需重点考查的内容。自评材料审阅时间不少于30个工作日。

在材料审阅过程中，如发现佐证材料提交不完整，或自评报告质量不符要求的，认证专家需及时向秘书处反馈，由秘书处根据情况通知专业补充佐证材料或整改自评报告，直至材料符合要求后，方可进入现场考查阶段。

第十六条 自评材料审阅工作完成后，认证专家组到接受认证专业开展现场考查，针对自评材料中存在的问题进行查验，了解自评材料中未能反映的有关情况，进一步确认专业建设成效，判断专业人才培养工作符合规范的程度。原则上现场考查上半年安排在 3—5 月进行，下半年安排在 9—11 月进行，考查时间一般不超过 3 天。秘书处应在入校考查前 14 个工作日通知学校。

第十七条　现场考查主要包括以下活动：

（一）专家组预备会议。专家组在进校前一晚召开预备会议，交流自评材料审阅阶段的意见，明确考查计划、考查要点、具体的考查步骤和分工。

（二）专家组见面会。专家组向学校做现场考查工作说明，交流考查工作的目的、要求和计划；学校介绍相关情况和安排。

（三）专业考查活动。主要包括课堂教学考查、深度访谈、材料查阅以及实地走访等活动。

（四）专家组内部会议。完成现场考查各类活动后，专家对照认证规范逐条给出符合情况判断和意见建议，完成专家个人考评表。

（五）意见反馈会。专家组向学校反馈专业考查意见，告知后续工作安排。

第十八条　认证专家组应在现场考查工作结束后 14 个工作日内向秘书处提交专业认证报告，报告内容包括：专业认证考查活动的基本情况、对照认证规范逐条的符合情况判断、专业认证中发现的问题和需要关注并采取措施予以改进的事项、认证结论建议。认证结论建议及判断依据如下：

（1）通过认证，有效期 5 年。专业对《通用规范》和专业补充规范各条标准均达到"符合"，首次认证专业原则上不给予此结论。

（2）通过认证，有效期 3 年。专业对《通用规范》各条标准均达到"符合"或"基本符合"，且"符合"项不少于 21 条；对专业补充规范各条标准均达到"符合"。

（3）认证不通过。专业对《通用规范》各条标准的符合度存在"不符合"项，或对专业补充规范各条标准存在"不符合"项或"基本符合"项。

第十九条　秘书处将专业认证报告送交接受认证专业征询意见。专业如对专家组的认证结论建议有异议，应在 10 个工作日内以学校名义向秘书处书面提交复议申请及相关佐证材料，逾期不予受理。

对有异议的专业，秘书处将专业提出的申请和材料交认证专家组组长，由组长组织专家组全体成员对相关情况进行复议，讨论确定最终意见。认证专家组需在收到材料后 10 个工作日内，完成复议工作，提交复议结论。

第五章　认证结论审议

第二十条　认证委员会于每年 1 月和 7 月召开全体委员会议，集中审阅专业认证报告，会议可根据情况采用现场会议或网络会议的形式，不少于 2/3 的委员参会方为有效。

第二十一条　在充分审阅认证报告的基础上，认证委员会委员采取无记名投票方式，对专家组提出的认证结论建议进行表决，同意票数超过参会人员半数的结论方为有效。

第二十二条　认证结论进行不少于7个工作日的公示，公示无异议后正式发文公布。接受认证专业如对认证结论有异议，需在公示期内向仲裁监督组提出书面申诉，详细陈述理由，并提供能够充分支持申诉理由的相关材料。仲裁监督组在收到申诉的30个工作日内完成相关调查，做出最终结论。

第六章　认证结论使用

第二十三条　认证结论为"通过认证，有效期5年"和"通过认证，有效期3年"的，专业在有效期内享有通过认证的各项权益。有效期满后，"通过认证"身份自动失效，如需保持状态，专业可重新提出认证申请。

第二十四条　认证结论为"不通过"的，专业需在结论公布后完善建设满一年，方可重新申请认证。

第七章　认 证 纪 律

第二十五条　江苏省高等职业教育专业认证工作坚持公平、公正、公开原则，接受社会各界的监督。专业认证工作相关的文件、受理申请专业名单、通过认证专业名单和认证结论均予以公开。

第二十六条　对违反认证规定和纪律的认证委员会成员或认证专家，仲裁监督组有权对其进行调查处理，对情节严重的由仲裁监督组报请认证委员会批准，撤销其认证委员会成员或认证专家资格。

第八章　附　　则

第二十七条　江苏省高等职业教育专业认证相关工作，如业务培训、材料审阅、现场考查等所产生的专家劳务费和有关费用由申请认证学校承担。认证委员会不对专业认证工作收取费用。

第二十八条　本办法自发布之日起实施，由认证委员会负责解释。

‖ 江苏省高等职业教育专业认证专家管理办法（试行）

认证专家是江苏省高职专业认证委员会（以下简称认证委员会）为开展江苏省高等职业教育专业认证工作聘任的专门人员，是相关专业领域的高职教育专家或行业企业专家。认证专家经过认证委员会培训合格，熟练掌握认证标准，熟悉认证工作程序和要求，能够胜任相应专业领域的认证考查工作。为规范认证专家的选聘和管理工作，特制定本办法。

第一章　认证专家的选聘

第一条　认证专家人选需符合以下基本条件：

（一）拥护党的基本路线，坚持原则，实事求是，公正客观，治学严谨，作风正派。

（二）自愿参加专业认证工作，热心高等职业教育人才培养。

（三）熟悉相关产业行业的发展趋势，熟悉高等职业教育人才培养规律，了解相关企业和岗位对高职层次人才的需求。

（四）能全程参与考查工作，履行认证职责，认真负责，责任心强。

（五）具有较丰富的教学实践和管理经验或相关行业企业工作经历，具有满足认证工作需要的专业背景和知识储备，有较强的工作能力、组织能力和沟通能力。

（六）教育专家一般应来自高等职业院校或普通高校，具有高级职称；行业企业专家一般应来自典型企业、行业主管部门或行业协会，在本行业具有至少五年的实践经验。

（七）专家人选原则上年龄不超过 65 周岁，对相关领域的资深专家可以适当放宽年龄限制，鼓励优秀中青年专家积极参与。

第二条　认证委员会秘书处组织相关院校、行业单位、企业以及认证委员会成员根据基本条件，推荐认证专家人选。推荐名单经认证委员会秘书处资格审查后，报认证委员会审议确定。

第三条　认证委员会秘书处组织认证专家人选参加认证资格培训，对培训合格的人选由认证委员会颁发聘书，聘期 5 年。认证专家聘期到期后，需再次参加资格培训，合格后方可续聘。

第四条　认证委员会秘书处按专业类建立认证专家库，专家库根据实际情况进行动态调整。

第二章 认证专家的培训

第五条 认证委员会秘书处负责组织认证专家的业务培训，以保障认证专家能掌握最新认证规范、政策、工作流程和方法，培训分为资格培训和持续培训两类：

（一）资格培训面向认证专家人选开展，培训的主要内容为江苏省高等职业教育专业认证的理念规范、程序方法、实施要点等。

（二）持续培训面向认证专家开展，主要是在认证规范或认证实施办法发生重大调整时，秘书处组织全体认证专家进行培训，及时掌握新的要求。

第三章 认证专家组的组建与职责

第六条 认证委员会根据接受认证专业实际情况，从认证专家库中选择适合的专家，组建认证专家组。认证专家组一般由5名专家组成，其中必须至少包含一名行业企业专家。专家的选择执行回避原则。

第七条 认证专家组设组长1人，专家组秘书1人。专家组组长由认证委员会指定，负责组织和统筹专家组成员完成认证工作，并代表专家组参加认证委员会的认证结论审议会议，汇报认证考查情况。专家组秘书由专家组组长指定1名专家组成员兼任，负责协助组长进行材料准备、人员召集、沟通联络等工作。

第八条 认证专家组负责具体实施专业认证工作，主要包括审阅自评材料、开展现场考查、拟定认证报告等，主要职责如下：

（一）审阅自评材料。通过审阅专业自评报告和佐证材料，初步判断专业建设符合规范的程度；明确现场考查阶段需关注的问题和需重点考查的内容。

（二）开展现场考查。通过到专业现场走访查看，进一步了解专业对标建设情况，确定认证判断。专家组组长负责组织制订考查实施计划，统筹协调成员分工，把握现场考查活动进程；主持现场考查见面会和意见反馈会，组织召开专家组各类会议；主持讨论确定考查反馈意见和认证报告主体内容。专家组成员在组长的领导下，根据现场考查实施计划和分工，有序开展现场考查活动，完成相关评价工作和记录、总结。

（三）拟定认证报告。专家组在组长的主持下，综合考虑自评材料审阅和现场考查情况，经集体讨论，形成专业认证报告，提出认证结论建议。如在认证报告意见征询环节，专业提出异议，专家组组长负责组织专家就有异议的内容进行复议，形成复议结论。

第四章 认证专家工作要求

第九条 认证专家在从事认证工作过程中，需遵守以下纪律：

（一）严格执行党中央关于加强和改进作风建设的八项规定以及有关文件精神，确保专业认证工作公正客观，维护良好的认证形象。

（二）以科学、诚实、客观的态度，对照认证规范独立评价判断，认真负责地提出意见、建议，不受其他单位或个人的干扰。

（三）遵循回避原则，不参加与自己有利害关系专业的认证。受到邀请的应主动提出回避，事先不知情而参加的，获悉后应自觉退出。认证活动开展前，不得向接受认证专业透露自己的身份；认证期间不得单独与校方人员接触。

（四）遵循保密原则，不得向其他人泄露认证工作细节，校方提供的所有资料不得外传。

（五）按照江苏省高职专业认证委员会的要求，参加秘书处组织的认证专家培训等各项活动。

第十条　认证委员会仲裁监督组对认证专家的工作情况进行监督，受理相关投诉。对违反工作纪律和不能按要求履行职责的专家，根据情节轻重采取相应处理，直至取消专家资格。

第五章　附　　则

第十一条　本办法自发布之日起实施，由江苏省高职专业认证委员会负责解释。

Ⅲ　江苏省高等职业教育专业认证通用规范

前　言

本标准按照 GB/T 1.1—2020《标准化工作导则　第 1 部分：标准的结构和编写》给出的规则起草。

本标准由江苏省高等教育学会提出并归口。

本标准主要起草单位：南京信息职业技术学院、南京信息工程大学、南京邮电大学、常州大学、淮阴师范学院、南京工业职业技术大学、江苏联合职业技术学院、江苏农林职业技术学院、无锡职业技术学院、江苏经贸职业技术学院、苏州农业职业技术学院、江苏建筑职业技术学院、常州工程职业技术学院、江苏工程职业技术学院、南京铁道职业技术学院、苏州卫生职业技术学院、南京科技职业学院、江苏电子信息职业学院、江苏信息职业技术学院、南京交通职业技术学院、南京旅游职业学院、江苏卫生健康职业学院、徐州幼儿师范高等专科学校、江苏省高校在线开放课程中心。

引　言

江苏省高等职业教育专业认证是由专业性认证机构对省域内高等职业教育机构所开设专业实施的专门性认证，由江苏省高等教育学会高职专业认证委员会会同该专业领域的教育工作者一起进行，以促进高素质技术技能人才培养质量提升，是江苏省高等职业教育质量保障体系的重要组成部分。专业按照自愿原则参加认证。

本规范以国家和江苏省有关高职专业建设的政策要求为指导，借鉴国内外高等教育专业认证的有益经验，贯彻"以学生为中心""以成果为导向"和"持续质量改进"的理念。

本规范为江苏省高等职业教育专业认证通用规范，与各专业补充规范构成江苏省高等职业教育专业认证的完整规范体系。

1　范围

本标准规定了江苏省高等职业教育专科层次专业建设规范。

本标准适用于江苏省高等职业教育已有连续三届毕业生的专科层次专业的质量评价。

2　规范性引用文件

本规范依据或参照但不限于下列文件：

国务院印发《国家职业教育改革实施方案》（国发〔2019〕4 号）

中共中央　国务院印发《深化新时代教育评价改革总体方案》

《教育部　财政部关于实施中国特色高水平高职学校和专业建设计划的意见》（教职成〔2019〕5号）

《教育部关于职业院校专业人才培养方案制订与实施工作的指导意见》（教职成〔2019〕13号）

《高等职业学校专业教学标准》

教育部等四部门关于印发《深化新时代职业教育"双师型"教师队伍建设改革实施方案》的通知（教师〔2019〕6号）

教育部等九部门关于印发《职业教育提质培优行动计划（2020—2023年）》的通知（教职成〔2020〕7号）

江苏省政府办公厅关于印发《江苏高等职业教育创新发展卓越计划》的通知（苏政办发〔2017〕123号）

江苏省教育厅关于印发《江苏省职业教育质量提升行动计划（2020—2022年）》的通知（苏教职〔2020〕6号）

江苏省教育厅关于印发《加强全省高等职业教育专业群建设指导意见》的通知（苏教职〔2020〕8号）

江苏省教育厅等四部门关于印发《深化新时代江苏职业教育"双师型"教师队伍建设改革实施办法》的通知（苏教师〔2020〕12号）

3　术语和定义

下列术语和定义适用于本标准：

3.1　培养目标

对学生在毕业后5年左右能够达到的职业和专业成就的总体描述。

3.2　毕业要求

对学生通过本专业学习在毕业时应该掌握的知识、技能和素养的具体描述。

3.3　评估

为进行评价而进行的确定、收集和准备各类文件、数据和证据材料的工作，有效的评估需要恰当使用直接的、间接的、量化的、非量化的手段，评估过程可以采用合理的抽样方法。

3.4　评价

评价是对评估过程中所收集到的资料和证据进行解释的过程，评价结果作为提出相应改进措施的依据。

3.5　机制

指针对特定目的而制订的一套制度、职责、方法和流程。

4.　认证要求

4.1　学生发展

4.1.1　建立符合职业教育特点的，能吸引适合生源的制度措施。

4.1.2　建立学习激励、学业指导、职业规划、就业指导、心理辅导等方面的机制，并有效落实。

4.1.3　对学生在整个学习过程中的表现进行跟踪与评估，建立过程性评价机制，促进和保障学生毕业时能达到毕业要求。

4.1.4　建立完善的学生学习成果认定、积累和转换机制。

4.2　培养目标

4.2.1　培养目标须贯彻党的教育方针，落实立德树人根本任务，培养德智体美劳全面发展的社会主义建设者和接班人。

4.2.2　培养目标应体现高职教育的培养特色，符合学校定位，适应区域社会经济的发展需求。

4.2.3　培养目标明确、公开，能够为学生、教师、行业、企业、校友等利益相关方所理解和认同。

4.2.4　培养目标的制订、定期评价与修订机制健全；有行业、企业、校友参与培养目标的制订、评价和修订工作。

4.3　毕业要求

4.3.1　毕业要求明确、公开、可衡量，能够支撑培养目标的达成，并在学生培养全过程中得到分解落实。

4.3.2　毕业要求的制订、定期评价与修订机制健全；有行业、企业、学生、校友参与毕业要求的制订、评价和修订工作。

4.3.3　毕业要求应包括以下内容：

4.3.3.1　知识储备：掌握必要的基础学科知识、专业知识以及人文和科学知识，能将其用于解决生产、建设、管理、服务等一线工作中的实际问题。

4.3.3.2　问题解决：能够分析生产、建设、管理、服务等一线工作中的实际问题，并能设计与实施相应的解决方案；具备解决问题必需的技术技能和创新能力。

4.3.3.3　工具使用：能够选择和使用适当的现代技术工具和信息工具，解决生产、建设、管理、服务等一线工作中的实际问题。

4.3.3.4　社会责任：践行社会主义核心价值观，能够认知并履行自身对社会文明建设、生态文明建设、文化传承、法治建设等方面的责任。

4.3.3.5　职业规范：理解并遵守相关职业道德和规范，履行岗位职责；具备严谨专注、敬业专业、精益求精的职业态度。

4.3.3.6　团队合作：能够在工作团队中承担成员或负责人的角色；能够运用团队成员或负责人必备的项目管理知识和方法。

4.3.3.7　沟通交流：能够与同事、业内同行及社会公众进行有效沟通和交流；尊重多元文化和不同观点。

4.3.3.8　终身学习：具备自主学习能力和终身学习意识。

4.4　课程体系

4.4.1　课程设置能支持毕业要求的达成，课程体系设计有行业、企业专家参与。

4.4.1.1　公共基础课程的设置符合国家有关规定，将思想政治理论课、体育、军事课、心理健康教育等课程列为公共基础必修课程，将马克思主义理论类课程、党史国史、中华优秀传统文化、职业发展与就业指导、创新创业教育、信息技术、语文、数学、外语、健康教育、美育课程、劳育课程、职业素养等列为必修课或限定选修课。

4.4.1.2　专业课程内容要紧密联系生产劳动实际和社会实践，体现相应职业岗位（群）的能力要求，突出应用性和实践性，注重学生职业能力和职业精神的培养。

4.4.1.3　实践教学学时不少于总学时的 50%；与企业合作开展实习、实训，学生岗位实习时间不少于 6 个月。开设毕业设计等综合项目课程，且选题要结合本专业的岗位实际问题，体现岗位的技术技能要求，培养学生的职业意识、协作能力和综合应用能力。综合项目课程的指导和考核应有行业、企业专家参与。

4.4.1.4　专业总学时数不低于 2 500；公共基础课程学时不少于总学时的 1/4；选修课学时不少于总学时的 10%。

4.4.2　建有课程体系定期评价、优化和课程标准（课程大纲）定期审查、修订机制，保障课程体系能支撑毕业要求，课程内容能及时跟进产业发展趋势和岗位发展需求。

4.5　教学实施

4.5.1　课程教学目标明确、公开、可衡量，能够支撑毕业要求的达成；课堂教学内容、教学方法和评价方式能支撑课程教学目标的达成。

4.5.2　课程教学体现正确的价值导向，各类课程与思政课程同向同行，形成协同效应；体现先进的教育思想和教学理念，遵循学生认知规律。

4.5.3　课程教学文件规范、完整，能够指导教学活动的实施。

4.5.4　能合理运用信息技术、数字资源、信息化教学设施设备等提高教学成效。

4.6　持续改进

4.6.1　建立教学过程质量监控机制，主要教学环节有明确的质量要求；定期开展课程目标达成情况评价，评价结果用于课程质量的持续改进。

4.6.2　建立毕业要求达成情况定期评价机制，对毕业要求达成情况进行定期评价，评价结果用于课程体系与课程设置等的持续改进。

4.6.3　建立毕业生跟踪反馈机制和行业、企业参与的社会评价机制，对培养目标达成进行定期评价，评价结果用于毕业要求等的持续改进。

4.6.4　在质量评价和改进中，能充分利用信息技术，进行相关数据的收集、分析和诊断。

4.7　师资队伍

4.7.1　教师队伍的数量、结构、专业背景、教学能力、实践能力、沟通能力等能满足教学需要；聘有足够的行业、企业技术人员、能工巧匠、大国工匠等担任兼职教师。专业教师中"双师型"教师占比超过75%；学生数与本专业专任教师数之比不高于25：1。

4.7.2　专业教师每5年至少有6个月的企业实践经历，具有解决企业实际问题的能力。

4.7.3　教师应投入足够的时间和精力用于教学和学生指导工作，并参与教学研究与改革。

4.7.4　教师明确自身在教学质量提升过程中的责任，参与专业培养目标、毕业要求和各类教学文件的改进和落实。

4.7.5　学校教师队伍建设机制健全，能够吸引合格的教师、指导和培养青年教师，有激励和帮助教师持续成长的有效举措。

4.8　支持条件

4.8.1　各类设施、设备能够支撑毕业要求的达成。对各类设施、设备有良好的管理、维护和更新机制，使得学生能够方便、安全地使用。

4.8.2　能够提供足够的校内外实训、实习岗位，保障学生实践学习需求；有与行业、企业合作共建的生产性实训环境或虚拟仿真实训环境。

4.8.3　图书和数字化资源能够满足学生的学习以及教师的日常教学和科研所需。

4.8.4　教学经费有保证，能满足教学需要。

4.8.5　学校和专业所在部门的教学管理与服务规范，能有效支持毕业要求的达成。

后 记

经过近 5 年的组织筹备和理论积淀，以及近 2 年的试点实践和组织撰写，我们终于完成了《高等职业教育专业认证手册》的书稿编写。本书是江苏省高职教育界自主探索专业认证的操作手册和工具用书，凝聚了教学一线的实践智慧，可为国内学者开展高等职业教育专业认证制度研究提供参考，同时反映了职业教育的江苏特色。

从国际范围来看，专业认证始于 19 世纪末 20 世纪初，目前是全球通行的教育质量外部保障制度。从我国高等教育实践来看，专业认证在我国普通高校本科专业中呈现全面铺开的阵势，截至 2021 年底已覆盖五类专业——工程教育专业、医学类专业、经管类专业、师范类专业和农学类专业，并探索出疫情防控常态化下线上或线上线下相结合的新型认证方式。总结我国本科教育专业认证近 20 年的探索历程，有四个规律：（1）专业认证有社会意义，认可度从教育系统内部延伸到外部，从国内扩展至国际实质等效；（2）卓越专业发挥领头雁作用，形成同类专业发展的雁阵格局；（3）认证过程中步子迈得都不大，踏实稳健、讲究实效；（4）模式不断创新、标准不断优化，把行业对用人的最新要求融入认证标准修订工作中，持续改进。按照长期以来应用本科教育与高职教育在发展过程中形成的"前赴后继""前学后赶"的关系，高职领域开展具有中国本土特色并和国际实质等效的专业认证，是不可回避、势在必行的。事实上，高职专业认证相关要求已逐渐纳入国家主管部门的发展规划文件中，如教育部《关于推动现代职业教育高质量发展的意见》和《职业教育提质培优行动计划（2020—2023 年）》等。

"争当表率、争做示范、走在前列"是习近平总书记对江苏各项工作的共同要求。江苏有雄厚的高职教育基础，但要发挥在教育改革发展创新中的先锋带头作用，还需要共同谋划、凝练范式。2017 年 9 月江苏省人民政府印发《江苏高等职业教育创新发展卓越计划》，将"积极探索工程教育认证"作为江苏高等职业教育创新发展卓越计划的重点任务之一。江苏省高等教育学会以"争当表率、争做示范、走在前列"为基本遵循，以推动江苏高职教育创新发展为使命担当，以"重在建设、不惟认证"为工作思路，牵头组织全省力量探索建立省域高等职业教育专业认证制度，于 2021 年 3 月 12 日召开江苏省高职专业认证试点工作会议，吹响了江苏高职专业认证试点的号角。参考国际各类专业认证的先进经验和规范，借鉴我国本科领域开展的专业认证本土特色，江苏高职专业认证明晰了办学相关主体的多方参与、由点到面的认证范式与路径：第一是教育行政主管部门的指导。根据《职业教育提质培优行动计划（2020—2023 年）》，政府在高职专业认证中发挥领导主体作用；此外，政府颁布的教育教学质量标准和办学规范等是认证标准的基准线，如《高等职业学校专业教学标准》。在江苏高职专业认证试点工作中，省教育厅职教处领导全省高职专业认证试点工作，省教育评估院进行业务指导。第二是高职院校的主体参与。全省高职院校都可自由自愿加入高职专业认证工作。结合专业认证达成的人才培养目标的达成度、社会需求的适应度、师资和条件的保障度、质量保障运行的有效度、学生和用人单位的满意度5项共识，试点院校在专业认证过程中赋以该专业职业教育特色和江苏地方特点的新内涵。第三是行业组织的同行评价。专业认证的实施路径是由独立的第三方组织依据标准、定期开展专业质量评价。为此，江苏省高等教育学会牵头组织成立专门的专业认证机构——江苏省高职专业认证委员会；同时，根据职业教育区别于基础教育和高等教育的开门办学特点，在实施专业认证时吸纳相关行业企业专家进入专家组。

标准是专业认证工作开展的依据，界定了认证考查的对象与范围。为此，2021年江苏省高等教育学会设立了"江苏省高职院校专业认证标准、流程及手册研发"的重大委托课题，以南京信息职业技术学院有关人员为核心成员组建课题组，系统开展专业认证标准的研究工作。南京信息职业技术学院早在2015年就开始了高职专业认证的研究工作，并以认证理念和建设范式引领了全校的专业建设改革实践，形成了若干理论成果和实践案例，为课题的研究工作提供了先行基础。本书是该课题的主要研究成果之一，从认证机制设计、认证标准开发、认证实施操作等方面分专题逐个攻坚，形成了本书的主体内容。在本书的成书过程中，我们不断听取各方意见，注意处理好以下6方面问题：①标准要可评可测、操作性强，不能面面俱到、过于理想化和完美化；②正确处理好与国际、国内成熟专业认证范式的关系；③彰显中国高职教育的特色，增加立德树人、思政、劳动教育等新型元素；④立足江苏地方，融入时代特征，体现院校办学特色，形成江苏特色的认证体系；⑤丰富与标准匹配的概念解读、内涵界定、操作手册等，增强标准的可执行度；⑥与标准相配合的认证程序，要设计合理、能够在院校教学工作常态中完成认证，不给学校、教师和学生增加负担，提升师生的获得感和满意度。

本书由江苏省高等教育学会会长丁晓昌担任主编，南京信息职业技术学院党委书记王丹中、江苏省高职专业认证委员会副主任兼秘书长李振陆、南京信息职业技术学院发展规划处处长徐胤莉担任副主编。在编写分工上，本书的第一章、第二章由徐胤莉执笔，第三章、第四章由南京信息职业技术学院发展规划处副处长王晓秋执笔，第五章由徐胤莉、王晓秋执笔。全书由徐胤莉统稿。在书稿撰写过程中，编写组召开了多次专题研讨会，贯穿了书稿从无到有的全过程。本书主编丁晓昌、江苏省高等教育学会监事长史国栋、江苏省高等教育学会秘书长邓志良、王丹中、李振陆等一直参与研讨、几经推敲进行了审稿，既在思想性、科学性、知识性等方面凝结了集体智慧，也就写作体例、结构、用语等达成了首创共识。江苏电子信息职业学院电子网络学院院长李朝林、江苏省高等教育学会副秘书长黄榕博士也对本书作出了贡献。

本书在撰写中，得到了南京大学陈道蓄教授、南京邮电大学陈鹤鸣教授、金陵科技学院陈小虎教授的悉心指导，特此致谢！此外，我们衷心感谢高等教育出版社对本书出版的大力支持，对本书相关编辑、协调人员的辛勤劳动表示真诚的谢意。

　　受编者学识和能力所限，书中不妥之处在所难免，敬请专家和读者批评指正。

编者

2023 年 3 月

郑重声明

高等教育出版社依法对本书享有专有出版权。任何未经许可的复制、销售行为均违反《中华人民共和国著作权法》，其行为人将承担相应的民事责任和行政责任；构成犯罪的，将被依法追究刑事责任。为了维护市场秩序，保护读者的合法权益，避免读者误用盗版书造成不良后果，我社将配合行政执法部门和司法机关对违法犯罪的单位和个人进行严厉打击。社会各界人士如发现上述侵权行为，希望及时举报，我社将奖励举报有功人员。

反盗版举报电话 （010）58581999　58582371

反盗版举报邮箱　dd@hep.com.cn

通信地址　北京市西城区德外大街 4 号

　　　　　　高等教育出版社法律事务部

邮政编码　100120

读者意见反馈

为收集对教材的意见建议，进一步完善教材编写并做好服务工作，读者可将对本教材的意见建议通过如下渠道反馈至我社。

咨询电话　400-810-0598

反馈邮箱　gjdzfwb@pub.hep.cn

通信地址　北京市朝阳区惠新东街 4 号富盛大厦 1 座

　　　　　　高等教育出版社总编辑办公室

邮政编码　100029